供电营销服务
突发事件应急管理

本书编委会 ◎ 编

中国电力出版社
CHINA ELECTRIC POWER PRESS

内 容 提 要

　　本书着重探讨供电服务营销突发事件的应急管理，分析和研究危机产生的原因，并通过大量的案例分析进一步研究突发事件的应对措施，以便有针对性地对供电营销服务突发事件进行预防。

　　本书可作为供电企业营销服务岗位一线员工及管理人员的必备工作手册和培训教材，也可供其他专业、其他岗位人员学习、参考。

图书在版编目（CIP）数据

供电营销服务突发事件应急管理／《供电营销服务突发事件应急管理》编委会编．—北京：中国电力出版社，2013.12（2020.12 重印）
ISBN 978-7-5123-5282-7

Ⅰ．①供…　Ⅱ．①供…　Ⅲ．①供电－电力工业－市场营销－突发事件－处理　Ⅳ．①F407.615

中国版本图书馆 CIP 数据核字（2013）第 287079 号

中国电力出版社出版、发行
（北京市东城区北京站西街 19 号　100005　http://www.cepp.sgcc.com.cn）
北京博图彩色印刷有限公司印刷
各地新华书店经售
＊
2013 年 12 月第一版　2020 年 12 月北京第四次印刷
710 毫米×980 毫米　16 开本　10.25 印张　136 千字
印数 6001—7000 册　定价：32.00 元

编 委 会

前言

　　国家电网公司是关系国家能源安全和国民经济命脉的、具有重大影响力和带动力的国有重要骨干企业，是国家重要经济基础。它不仅关系国家经济安全的战略大问题，还与人们日常生活、社会稳定密切相关。由于国家电网公司供电区域涵盖 26 个省（自治区、直辖市），各地区受人文环境、地域环境、地理环境、气象环境的影响，各类突发事件屡有发生。在国家电网公司改革不断深入的情况下，企业的运行和发展备受社会各界的关注，突发事件的处理也将备受瞩目。

　　在媒体空前发展的今天，自然灾害、电网事故、电网现场施工、企业内部管理漏洞，尤其是供电营销服务方面的突发事件，都有可能引发公众聚焦，如果处理不当将会使供电企业陷入巨大的舆论压力和危机之中。

　　本书着重探讨供电营销服务突发事件的应急管理，分析和研究危机产生的原因，并通过大量的案例分析进一步研究突发事件的应对措施，以便有针对性地对供电营销服务突发事件进行预防，并在危机来临时，达到转"危"为"机"的效果。

　　本书编写得到了国家电网公司营销部、对外联络部，国家电网公司客户服务中心南方分中心，国网辽宁省电力有限公司营销部，国网辽宁省电力有限公司大连培训中心、大连供电公司营销部，国网江苏省电力公司南京供电公司营销部的帮助，在此一并表示感谢。

编　者

2013 年 11 月于辽宁大连

目录

第一章
突发事件应急管理概述

　　当前，我国的发展正处于战略机遇期和矛盾突发期重叠交织过程，面临的矛盾和问题较之过去更复杂、更突出。国际经验表明，当一个国家或地区的人均 GDP 处于 1000～3000 美元的发展阶段时，即是中等收入国家向中等发达国家迈进的机遇期，又是矛盾增多、爬坡过坎的敏感期。经济活动容易失调、社会管理容易失序、心理健康容易失衡、伦理道德容易滑坡，这时候就进入社会冲突的频发阶段。在城市化、工业化进程中，征地拆迁、体制改革、环境保护、利益分配等问题都可能成为不稳定因素。如今政治、经济变革经过"摸着石头过河"的尝试，开始步入深水区。变革就意味着有得利者，同时也一定有失利者，两者博弈就必然产生冲突和矛盾。当前，自然灾害、事故灾难、公共卫生事件和社会安全事件屡见不鲜，多种因素交织、突发事件频发，考验着政府、企事业单位对突发事件的应急管理能力。

　　突发事件的应急管理，适合一个减法公式：100 减 1 等于 0。看似荒谬，实则放之四海而皆准。一只小小的蝴蝶能引发大洋彼岸的风暴，一根细细的手指能推到一大片多米诺骨牌，一颗小小的石子能激起无数的涟漪……即使 99% 都做对了，做得天衣无缝，但一件事做错了，满盘皆输。不但影响自己，还会使企业蒙羞，使人民生命财产遭受损失。

　　另外，信息的透明化和经济的全球化，更使突发事件无所遁形。突发事件不仅会造成人们生命财产的损失，还会对经济秩序和社会的基础设施造成破坏，引起社会环境的恶化，阻碍社会的可持续发展，甚至可能导致社会和政治的不稳定。因此，培养敏锐的危机意识，建设现代应急管理体系成为各级政府、企事业单位工作的当务之急，重中之重。

第一节　突发事件的内涵

如今，越来越多的突发事件因天灾或是人祸，在中国的不同地区、不同角落、以不同的方式不停的上演着。仅 2013 年上半年我国就经历了雅安地震、吉林通化煤矿爆炸、吉林德惠禽工厂"6·03"爆炸事故、厦门公交纵火案等影响较大的突发事件。事实上每天都有或大或小的突发事件发生，而且还有无数的突发事件正潜伏着伺机待发。那么究竟如何定义突发事件呢？

一　突发事件的概念

广义上，突发事件可以被理解为突然发生的事件。第一层含义是事件发生、发展的速度很快，出乎意料；第二层含义是事件难以应对，必须采取非常规方法来处理。狭义上，突发事件就是意外地突然发生的重大或敏感事件，简言之就是天灾人祸。天灾即自然灾害，人祸如恐怖事件、社会冲突、安全事故、群体性事件等。根据我国 2007 年 11 月 1 日起施行的《突发事件应对法》，突发事件是指突然发生，造成或者可能造成严重社会危害，需要采取应急处置措施予以应对的自然灾害、事故灾难、公共卫生事件和社会安全事件。

二　突发事件的特征

突发事件的特征包括突发性、危害性、紧急性、连锁性、不确定性和群体性。

1. 突发性

突发性是指对事件能否发生，在什么时间、地点、以什么方式爆发以及爆发程度等都始料未及，难以准确把握。突发性来源于三方面因素：有些突发事件是由难以控制的客观因素引发的，有些是爆发于人们的知觉盲区，有些是爆发于熟视无睹的细微之处。比如汶川特大地震，在事前无明显征兆的情况下突然发生，震级瞬间达到 8 级，虽然持续时间仅为 22 秒，但给震区人民群众的生命财产造成的损失却是巨大的。

2. 危害性

危害性是指突发事件以人员伤亡、财产损失和环境破坏为标志，包括直接损害和间接损害，还体现在对社会心理和个人心理造成的破坏性冲击，进而渗透到社会生活的各个层面。比如 2004 年印度洋海啸受灾国家多达 13 个，死亡近 30 万人，受伤 51 万人，200 多万人沦为灾民，造成经济损失数额逾 50 亿美元。巨大的损失不仅影响了当地民众的正常生产、生活秩序，还不同程度影响了当地的社会稳定、经济发展。

3. 紧急性

紧急性是指突发事件所反应的问题极端重要，关系到社会、组织或个人的安危，需要紧急采取特别措施及时有效地处理。随着突发事件的发展、演变，它所造成的损失可能越来越大。因此，对突发事件的反应越快，应对决策越准确，突发事件所造成的损失就会越小。

📝 **案例**

2004 年吉林商厦"2·15"火灾

2004 年 2 月 15 日，吉林商厦发生火灾。由于商场空间大、空气对流快、可燃物多，火势蔓延非常迅猛。受困的 100 多人竟没有任何人及时报警，导致救援时机延误，直到半小时后才有一位路人报警。4 分钟后，消防人员驾驶 5 台消防车赶到现场。此时大楼已经浓烟滚滚，虽然后来陆续有60台消防车、1100多名干警抵达现场进行抢险，但由于错过了最佳救援时机，导致火灾造成54人死亡、70人受伤，直接损失40多万元。

4. 连锁性

连锁性是指突发事件的发生很多时候并不是一个单独、孤立的事件，常常同其他事物发生直接或间接的关系。也可能是各种矛盾激化的结果，总是呈现出一果多因、相互关联、环环相扣"多米诺骨牌效应"或"裂变反应"的复杂连续状态。例如三株口服液事件，常德老人喝三株口服液发病身亡后，法院判决，媒体曝光，这一切连锁反应把一个好端端的公司推向了死胡同，最终淡出市场。

5. 不确定性

不确定性是指突发事件不但发生地点、时间、形式、规模等不可确定，其发展方向、演变速度波及范围、影响效应、处理结果等也同样不可确定。突发事件发生后，常常超过纯粹的经济、政治和文化范畴，变成一种含有多项内容的综合性社会危机。

📝 **案例**

2008 年我国南方雨雪冰冻灾害

2008 年元旦刚过，纷纷扬扬的雪花给一向很少降雪的我国南方各省带来了惊喜，人们争相观看雪景。但持续的低温使雪景变成了一场空前的灾难：暴雪、冰冻等极端天气造成多个城市基础设施运行几近崩溃，造成大面积停电、公路铁路运输封闭受阻、班机停航、大批人员货物滞留、供水管线冻裂、通信不畅、公众必需品匮乏，导致社会生产、生活秩序陷入混乱。

群体性是指大多数突发事件都是公共管理领域的群体性事件，涉及多人或者在较大人群范围内具有较大影响。之所以具有群体性特点，一是事件本身的群体性，即事件发生原因、过程或结果涉及多数人利益；

二是事件影响的群体性，事件最初是一个人或个案事件，但事件的影响大，引起了广泛关注，产生了群体性；三是事件应对的群体性，即事件应对的人数多，调动的力量大，社会影响坏，从而使事件具有了群体性的意义。

/ 案例

2008 贵州瓮安群体事件

2008 年 6 月 22 日，某校初二年级学生——17 岁的李某被发现死于河中。公安机关作出"自己跳河溺水身亡"的鉴定结论，死者家属对此不满。6 月 28 日 16 时，死者家属邀约 300 余人在县城游行，最终导致暴力事件。游行者和警方发生了激烈冲突。事件中，县委办公大楼、县政府办公大楼、县公安局办公大楼等 160 多间办公房屋被实施打、砸、抢，甚至烧毁。整个过程持续 7 小时，烧毁车 54 辆，导致 150 余人不同程度受伤，造成直接经济损失 1600 多万元。

供电企业要时刻具有"安而不忘危，危而不忘患，治而不忘乱"的危机意识。然而遗憾的是，很多企业和个人很难把握应急管理之道，突发事件来临之时，方寸大乱，频出错招，雷语连连，非但不能有效控制事态发展，反而弄巧成拙，使自己陷入被动境地，致使形象、信誉大打折扣，威信名声扫地。

三　突发事件的类型

2006 年 1 月国务院颁布的《国家突发公共事件总体应急预案》规定，根据事件发生过程、性质和机理将突发事件共分为四类：自然灾害、事故灾难、公共卫生事件、社会安全事件。《国家电网公司突发事件总体应急预案》也依此分类。

1. 自然灾害

自然灾害主要指由自然原因导致的突发事件。国家电网公司辖区面积广大，覆盖国土面积88%，供电易受地质结构、气候环境的多样性和复杂性的影响。影响供电的自然灾害主要有：沿海地区的台风破坏；江河流域、山区的洪涝灾害，以及塌方、泥石流等地质灾害；北方地区的冰雪凝冻灾害、雷电破坏；地质断裂带存在地震、海啸的风险等。

2. 事故灾难

事故灾难主要指人为原因造成的紧急事件。电力行业是高风险行业，系统动态稳定问题突出，再加上外力破坏事故，而引发的电力设施及甚至电网大面积停电等风险较高；生产运行与施工过程中存在发生触电、高空坠落、施工中群死群伤等人身事故的风险；高电压等级的输变电设备存在重大设备事故风险；电力施工、基建和生产过程中存在环境污染风险等。

3. 公共卫生事件

公共卫生事件主要指病菌病毒引起的大面积的疾病流行等事件。国家电网职工在工作场所中时常会面临传染病疫情、群体性不明原因疾病，食品安全和职业危害、动物疫情及其他严重影响公共健康和生命安全事件等风险。

4. 社会安全事件

社会安全事件主要指人们主观意愿产生的、并危及社会安全的突发事件，如电力生产场遭受恐怖袭击，由于征地、青苗赔偿和体制改革等原因引发的人员突发性群体事件，涉外风险事件，突发新闻媒体事件，网络与信息安全事件等。

了解突发事件的概念、掌握突发事件的特征、研究突发事件的类型，对于在应急管理中明确责任、制定预案、科学组织、整合资源具有重要意义，是做好突发事件应对和处置的基础性工作。

第二节　突发事件应急管理的内涵

　　人类自古以来就面临着各种自然灾害的挑战，中国古代就有很多神话传说与灾害应对有关，如夸父逐日、女娲补天、大禹治水等，体现了中华民族的祖先与灾害作斗争的英雄气概和超人智慧。在应对自然灾害的过程中，人们逐步形成了朴素的应急管理思想。近些年，国内外突发事件的发生频繁，影响范围广，灾害程度深，于是人们开始主动寻找突发事件的预防、规避、处置、消减的方式方法，现代意义上的应急管理也因此应运而生。

⬡　突发事件应急管理概念

　　突发事件应急管理，是指为避免或减少突发事件所造成的损害，通过科学预测与决策，制订合理的应急预案，充分运用科学的手段，减少突发事件给组织与公众带来的影响，以重新树立和维护组织形象的一种管理职能。应急管理是一种特殊类型的管理。

　　应急管理的目标是预防和化解突发事件，恢复社会秩序。预防突发事件的发生，是最主动、最积极的应急管理态度。对于已经发生的突发事件，则要抓住机会和条件，尽快科学地处理，扭转态势，力争使突发事件持续事件最短、损害最小，尽快转"危"为"机"，保护公民的人身安全、财产和各项权益。

⬡　突发事件应急管理的特征

　　应急管理是相对于日常管理而言的。应急管理的对象是突发事件。应急管理的目标是降低或减少突发事件带来的影响和损失。应急管理具有时效性、人本性、专业性、政府主导性和社会参与性的特点。

1. 应急处置的时效性

应急处置的时效性就是要求第一时间内做出"急""快""迅速反应"。比如生命救援的 72 小时黄金救援期，超过这个时限则救援成功率就会大大降低。

2. 应急救援的人本性

应急救援的人本性是指在应急救援时，可能存在很多有价值的救援目标，但要把保证公众生命安全和健康作为首要任务。比如"5·12"四川汶川特大地震中，党和国家始终把人的生命救援放在第一位。

3. 应急主体的政府主导性

应急主体的政府主导性突发事件具有公共性，损害的是社会群体利益和社会安全稳定，同时，突发事件应急管理需要动用大量的社会资源、需要采取一些临时措施、紧急措施甚至强制措施，必须需要公权力才能实现，所以，一般情况下政府是应急管理的主体。

4. 应急技术的专业性

应急技术的专业性要求在应急处置时强调运用专家的力量，以科学的知识和专门技术为武器。如抗洪抢险要有水利专家、救火要有消防专家、地震要有地震专家等。

5. 应急力量的社会参与性

应急力量的社会参与性是能否充分调动全社会齐心协力地参与是影响应急管理成败的一个重要因素。"一方有难，八方支援""万众一心，众志成城"是中华民族精神文化的核心。比如"7·23"甬温铁路救援中，血浆告急，从四面八方赶来的市民、志愿者近千人深夜排队献血，筑起了中华民族爱的长城。

三 突发事件应急管理的阶段

《突发事件应对法》将突发事件的应急管理划分为事前（预防与准

备）、事发（监测与预警）、事中（救援与处置）、事后（恢复与重建）四个阶段。这四个阶段是发现问题、研究问题、解决问题的整个过程，是应急管理的全过程管理，称作应急管理的全生命周期。供电营销服务突发事件应急管理也同样强调对潜在突发事件实施预防与准备、应急预警、应急响应和恢复重建四个阶段。这四个阶段相互关联构成了营销服务应急管理工作的全过程，并且是一个动态的循环过程。

1. 事前（预防与准备）

古代神医扁鹊的长兄能治"未病之病"是医者的最高境界，说的就是预防与准备。预防与准备是应急管理的关键，做好预防工作就做好了应急管理的大部分工作。比如坚持组织学生进行逃生疏散演练的桑枣中学，在四川汶川特大地震中，某校两千余名师生有序疏散逃生仅仅用时 1 分 36 秒，无一人伤亡，创造奇迹。应急预案的编制、培训和演练是预防工作的重要组成部分，应急物资准备、人力资源准备是应急准备的重点。

2. 事发（监测与预警）

监测与预警是应急工作的前提。监测与预警的主要作用是发现危机的存在，为防范危机提供依据。根据监测分析结果，相关部门对可能的突发公共事件进行预警。

3. 事中（救援与处置）

救援与处置即突发事件发生后，执行应急预案，组织人力、物力、动用各类资源对突发事件进行处置。应急救援是为了防止事件转化和扩大，减少人员伤亡和财产损失而采取的各种救援工作。

4. 事后（恢复与重建）

恢复与重建是突发事件得到有效控制后，为了恢复正常的状态和秩序所进行的各种善后和重建工作。包括制定恢复计划、提供灾后救济救助、重建被毁设施、恢复正常生产秩序、进行灾害评估和应急管理评估等。

事后控制不如事中控制，事中控制不如事前控制。有效的应急管理应当"使用少量钱预防,而不是花大量钱治疗",否则等到突发事件造成了重大的损失才寻求弥补,有时是亡羊补牢,为时晚矣。

四 突发事件应急管理的原则

《国家突发公共事件总体应急预案》提出了六项工作原则,即:以人为本、减少危害;居安思危、预防为主;统一领导、分级负责;依法规范、加强管理;快速反应、协同应对;依靠科技、提高素质。

1. 以人为本、减少危害

切实履行政府的社会管理和公共服务职能,把保障公众健康和生命财产安全作为首要任务,最大限度地减少突发公共事件及其造成的人员伤亡和危害。

2. 居安思危、预防为主

高度重视公共安全工作,常抓不懈,防患于未然。增强忧患意识,坚持预防与应急相结合,常态与非常态相结合,做好应对突发公共事件的各项准备工作。

案例

印度尼西亚海啸灾难

2006 年 7 月 17 日,印度尼西亚再次遭受深海地震引发的海啸,毫无准备的人们只能被动承受着海啸的疯狂袭击,数百人丧生。而此前,深海地震发生 15 分钟左右,印度尼西亚政府分别接到太平洋海啸预警中心和日本气象局发来的警告,此时距海啸发生还有 45 分钟。然而印度尼西亚政府并没有及时将警报公之于众,理由是如果冒失地把海啸警报发布出去必然引起民众恐慌,如果没有发生海啸,岂不是贻笑大方?政绩和生命孰轻孰重?印度尼西亚政府做出了错误的选择,失了政绩,也失了民心。

3. 统一领导、分级负责

在党中央、国务院的统一领导下，建立健全分类管理、分级负责、条块结合，属地管理为主的应急管理体制，在各级党委领导下，实行行政领导责任制，充分发挥专业应急指挥机构的作用。

4. 依法规范、加强管理

依据有关法律和行政法规，加强应急管理，维护公众的合法权益，使应对突发事件的工作规范化、制度化、法制化。

5. 快速反应、协同应对

加强以属地管理为主的应急处置队伍建设，建立联动协调制度、充分动员和发挥乡镇、社区、企事业单位、社会团体和志愿者队伍的作用，依靠公众力量，形成统一指挥、反应灵敏、功能齐全、协调有序运转高效的应急管理机制。

6. 依靠科技、提高素质

加强公共安全科学研究和技术开发，采用先进的监测、预测、预警、预防和应急处置技术及设施，充分发挥专家队伍和专业人员的作用，提高应对公共突发事件的科技水平和指挥能力，避免发生次生、衍生事件；加强宣传和培训教育工作，提高公众自救、互救和应对各类突发公共事件的综合素质。

📝 **案例**

芦山地震突袭，电网应急处置高效

2013年4月20日8时02分，四川雅安市芦山县发生里氏7.0级强烈地震，震源深度13千米。此次地震电网损失严重。

震后仅18分钟，国网四川省电力公司总经理王抒祥带领第一队救灾组55人前往灾区现场，组织抗震救灾工作。并向国家电网公司领导汇报灾情及抗震救灾组织情况。国网四川省电力公司领导及公司相关职能部门在应急指挥中心迅速收集灾害情况，安排部署抢险工作。国家电网公司总经理、党组书记刘振亚第一时间作出指示，要求国家电网公司系统立即启动应急预案：开启国家电网公司总部及四川、重庆、青海等省电力公司应急指挥中心，安排部署24小时应急值班。4月20日21时许，国家电网公司安全总监李庆林抵达雅安应急指挥中心，现场安排指导灾区抗震保电工作。国网四川省电力公司立即成立了抗震救灾领导小组，启动抗震救灾应急预案和一级应急响应。

震后1小时内，国网四川省电力公司领导与各部门主要负责人相继赶到应急指挥中心，成立了前线指挥组、抢险工作组、物资工作组、后勤保障组、宣传报道组、维护稳定组和信息归集及综合协调组等7个救援小组，并在雅安公司应急中心设立抗震救灾前线指挥部。四川电网调控中心第一时间启动南充备调，与省调控中心同步值守，确保四川电网调控中心具备技术和调度值班的双支撑。指挥部明确工作重点，要求必须保证"救人优先、抢修加快、联络密切、信息畅通"。4月20日8时40分，国网四川省电力公司应急中心派遣应急队伍携带2台动中通、卫星电话、对讲机等通信设备赶赴现场查勘灾情，同时调集充电方舱、无人飞机等特种装备，为保电工作做好准备。

同时，国网四川省电力公司应急指挥中心迅速集结救援队伍，调集4台发电车和一大批发电机，组织首批500余人赶赴现场。短时间内，成都、乐山、德阳、眉山等电业局（公司）组织的救援队伍火速赶赴芦山县。四川电力送变电建设公司、四川电力医院等单位也派出救援队伍紧急支援雅安抗震救灾。至当天中午，在国家电网公司的统一部署下，第一阶段，国网四川省电力公司600余人、83台车辆已陆续投入抢修救援，260名抢险人员正携12辆共计4460千瓦发电车及211台共计829千瓦发电机前往灾区，为抗震救灾的重要场地、医院、安置点提供了照明用电。同时，国网四川省电力公司还调集102台抢险车辆供救灾使用。国网四川省电力公司系统各单位2000余名应急抢险队员处于待命状态。"4·20"芦山地震救援"黄金72小时"过去时，国家电网公司抗震救灾工作已完成应急抢险阶段性任务，全面转入恢复阶段。国家电网公司应急保电工作受到了各级领导和社会各界人士的一致好评。

芦山地震能够科学、规范、高效的进行应急处理，其主要原因包括三方面：

（1）省公司组织到位。在短短 72 小时，国网四川省电力公司快速响应，立即启动应急预案和 1 级应级响应，省公司领导第一时间带领救援队伍现场指挥抗震救灾工作。先后共组织应急抢险队员 2100 余人，300 余辆车到达指定地点，开展抗震救灾工作；调集了 12 台发电车及272 台发电机已全部抵达灾区，为抗震救灾提供电力保障；组织了电力医疗分队 9 人在灾区开展治疗及现场防疫工作。

（2）应急措施到位。地震后，灾区通信中断，国网四川省电力公司成立应急指挥中心指挥部、芦山指挥部、宝兴指挥部，通过内部视频通信系统，随时沟通灾情和救灾工作情况。省公司紧急制定电网抗震抢险救灾方案，确定了工作原则，明确了工作目标、计划安排及任务分工。

（3）应急响应迅速。从各个时间节点来看，芦山地震灾害中，国家电网公司各级领导干部及电网员工，做到了"地震就是号角"，第一时间从四面八方赶到自己的工作岗位，争分夺秒赶赴灾区、指挥应急、抢险救援及恢复送电，赢得广泛赞誉。另外，由于平时应急预案制定充分、应急保障充足，应急演练到位，在地震灾害突袭时，才能够处变不惊，从容应对。

自 2008 年以来，经历冰雪、地震、大旱、洪涝、泥石流等多次自然灾害的国家电网公司，在应急抢险保供电方面已逐步形成了一套科学、完善的预警、应急机制和应急救援体系。

第三节　我国应急管理体系介绍

我国应急管理体系与发达国家相比，建设起步相对较晚。近年来，重大公共卫生事件、社会安全事件、自然灾害、事故灾难等突发事件频发，成为我国应急管理所面对的一个现实性问题。因此，建立科学合理、协调有力的应急管理体系成为重中之重。2003 年抗击"非典"的事件是我国应急管理发展的里程碑事件，推动了我国应急管理理论和实践的发展。2006 年年初，我国成立了国家安全生产应急救援指挥中心。2007 年 8 月，我国颁布了《突发事件应对法》，正式确立了以"一案三制"为核心的应急管理体系框架，我国应急管理走上了法制轨道。2008 年年初的南方雨雪冰冻灾害和"5·12"四川汶川特大地震中，我国的应急管理体系发挥了显著的积极的作用。

一 应急管理体系

（一）应急管理体系的概念

应急管理体系是有关突发事件应急管理工作的组织指挥体系与职责和突发事件的预防与预警机制、处置程序、应急保障措施、事后恢复与重建措施以及应对突发事件的有关法律、制度的总称。

（二）我国应急管理体系——"一案三制"

我国突发事件应急管理体系的核心是"一案三制"，是具有中国特色的应急管理体系，包括应急预案、应急管理体制、应急管理机制和应急管理法制。完备的应急预案是成功处置各类突发事件的基础；常态化、专门化的应急管理体制是发挥我国政治优势与组织优势的关键；灵敏、高效的应急管理机制是应急管理工作的强大动力和重要支撑；完善的应急管理法律体系是提高政府应对突发公共事件能力的保障。应急管理体制是基础，应急管理机制是关键，应急管理法制是保障，应急预案是前提。

（三）国家突发公共事件总体应急预案

2006 年 1 月 8 日，国务院授权新华社全文播发了《国家突发公共事件总体应急预案》（简称《总体预案》）。《总体预案》是全国应急预案体系的总纲，明确了各类突发公共事件分级分类和预案框架体系，规定了国务院应对特别重大突发公共事件的组织体系、工作机制等内容，是指导预防和处置各类突发公共事件的规范性文件。《总体预案》的出台使得政府公共事件管理登上了一个新台阶。在此期间，各省市陆续开始按照《总体预案》及其框架指南编制地方应急预案。

⬡ 我国应急管理体系"三制"建设

（一）应急管理体制

1. 应急管理体制定义

应急管理体制是国家机关、企事业单位、社会团体、公众等利益相关方在处置突发事件时在机构设置、领导隶属关系和管理权限划分等方面的体系、制度、方法、形式等的总称。

2. 我国应急管理体制现状

应急管理体制主要指建立健全集中统一、坚强有力、政令畅通的指挥机构。积极整合各方面应急力量和资源，充分发挥政府应急管理指挥机构、办事机构和工作机构各自的职能作用。当前，我国已初步形成了中央政府领导、有关部门和地方各级政府各司其职，社会组织和人民群众广泛参与的政府应急管理体制。

从机构设置看，2006年国务院颁布的《国家突发公共事件总体应急预案》中明确规定了机构设置。包括中央级的非常设应急指挥机构和常设办事机构、地方政府对应的各级应急指挥机构、驻地中国人民解放军和中国人民武装警察部队有关负责人组成的突发事件应急指挥机构；建立了志愿者制度，有序组织各类社会组织和人民群众参与到政府应急管理中去。

从人员配置上看，以上机构中既有负责日常管理的各级行政人员，又有专门救援的队伍，还有高校和科研单位的专家。

从行政上看，我国政府应急管理体制是行政主导型的。一是指挥调度集中；二是社会动员有力；三是横向协调渠道多样化。

3. 我国应急管理体制建立原则

《突发事件应对法》明确规定："国家建立统一领导、综合协调、分类管理、分级负责、属地管理为主应急管理体制。"

（二）应急管理机制

1. 应急管理机制的定义

应急管理机制是指突发事件预防与应急准备、监测与预防、监测与预警、应急处置与救援以及善后恢复与重建等全过程中各种系统化、制度化、程序化、规范化和理论化的应急管理方法与措施。

2. 我国应急管理机制现状

当前，我国已经形成了在国务院统一领导下的"二级四层，中央总揽，部门依托，省级分担"的应急管理模式。然而，应急救援力量比较分散，以行业应急救援队伍的形式体现，主要有消防救援力量、地震救援力量、矿山救援力量、交通、医疗救援力量、企业专职救援力量、解放军救援力量、城市燃气救援力量、电力行业救援力量、核事故救援力量等。

国务院是我国突发事件应急管理工作最高行政领导机构。下设国务院安全生产委员会、中国国际减灾委员会等组织领导机构。国务院办公厅设国务院应急管理办公室，国务院有关部门依据有关法律、行政法规和各自职责，负责相关类别突发公共事件的应急管理工作。遇到重大突发事件，通常是启动非常设指挥机构，或者成立临时性指挥机构，由国务院分管领导任总指挥，国务院有关部门参加，日常办事机构设在对口主管部门。

3. 我国应急管理机制建设原则

我国应急管理机制建设遵循统一原则、效率原则、预防原则、依法原则、节约原则。

4. 我国应急管理机制主要内容（见表1-1）

表1-1 我国应急管理机制主要内容

序号	机制	主要内容
1	预防与应急准备机制	通过预案编制管理、宣传教育、培训演练、应急能力和脆弱性评估等，做好各项基础性、常态性的管理工作，从更基础的层面改善应急管理
2	监测与预警机制	通过危险源监控、风险排查和重大风险隐患治理，尽早发现导致产生突发事件苗头的信息并及时预警，减少事件产生的概率及可能造成的损失
3	信息报告与通报机制	按照信息先行的要求，建立统一的突发事件信息系统，有效整合现有信息资源，拓宽信息报送渠道，规范信息传递方式，租好信息备份，实现上下左右互联互通和信息及时交流
4	应急指挥协调机制	通过信息搜集、专家咨询来制定与选择方案，实现科学果断、综合协调、经济高效地应急决策和处置
5	信息发布与舆论引导机制	在第一时间通过主动、及时、准确地向公众发布警告以及有关突发事件和应急管理方面的信息，宣传避免、减轻危害的常识，提高主动引导和把握舆论的能力，增强信息透明度，把握舆论主动权
6	社会动员机制	在日常和紧急情况下，动员社会力量进行自救、互救或参与政府应急管理行动，在应急处置过程中对民众善意疏导、正确激励、有序组织，提高权社会的安全意识和应急技能
7	善后恢复与重建机制	积极稳妥地开展生产自救，做好善后处置工作，把损失减低到最低，让受灾地区和民众尽快恢复正常的生产、生活和工作秩序，实现常态管理与非常态管理的有机转换
8	调查评估和学习机制	遵循公平、公开、公正的原则，引入第三方评估机制，开展应急管理过程、灾后损失和需求等方面的评估，以查找、发现工作中的问题和薄弱环节，提出防范和改进措施，不断完善应急管理工作
9	应急保障机制	建立人、财、物等资源清单，明确资源的征用、调用、发放、跟踪等程序，规范管理应急资源在常态和非常态下的分类与分布、生产和储备、监控与储备预警、运输与配送等，实现对应急资源供给和需求的综合协调与优化配置

（三）应急管理法制

1. 应急管理法制的概念

狭义的应急管理法制指应急管理法律、法规和规章，即在突发事件引起的公共紧急情况下处理国家权力之间、国家权力与公民权利之家年、公民权利之间各种社会关系的法律规范和原则的总和。其核心宪法中的紧急条款和统一的突发事件应对法或紧急状态法。在现代法治国家，为防止重大突发事件的巨大冲击力导致整个国家生活与社会秩序的全面失控，需要运用行政紧急权力和实施系统配套的紧急法律规范来调整公共紧急情况下的各种社会关系，有效控制和消除突发事件造成的危害，恢复正常的生产、生活秩序和法律秩序，维护社会公共利益和公民合法权益。

广义的应急管理法制包括各种具体制度。内容十分丰富，包括日常工作制度、会议制度、民主决策制度、学习制度、廉政监督制度等。规范化的制度一般包括三个部分：①条件，即规定本制度的适用范围；②规则，即规定应该做什么，应该怎么做，禁止做什么，禁止怎样做；③制裁，即规定违反本制度必须承担的责任和后果。

2. 我国突发事件应急法制的现状

我国现行的一些法律、行政法规和部门规章中也有一些涉及突发事件应对的法律规范。各地方根据这些法律、规范又制定了适用于本行政区域的地方立法，从而初步建立了从中央到地方的突发事件应急法制体系。我国应急管理法制体系属条、块结合型，中央人民政府、省、市、县、镇（区）人民政府的纵向应急管理与国务院各部、委、地方管理局的横向管理结合构成具有中国特色的应急管理法制体系。

应急管理法制建设主要通过依法行政，努力使突发公共事件的应急处置逐步走上规范化、制度化和法制化轨道。2007 年 11 月 1 日正式实施的《突发事件应对法》，是我国应急管理领域的基本法，也成为应急管理法制化的重要标志。

按照《国家突发公共事件总体应急预案》对突发公共事件的四种分类，我国现有的主要的应急法律与法规见表 1-2。

表 1-2

序号	类型	法律法规
1	自然灾害类	《突发事件应对法》《水法》《防汛条例》《破坏性地震应急条例》《防震减灾法》《自然保护区条例》《森林法》等
2	事故灾难类	《生产安全事故报告和调查处理条例》《建筑法》《消防法》《国务院关于预防煤矿生产安全事故的特别规定》《国务院关于特大安全事故行政责任追究的规定》《建设工程质量管理条例》《工伤保险条例》《电力监管条例》《核电厂核事故应急管理条例》等
3	公共卫生事件类	《重大动物疫情应急条例》《传染病防治法》《突发公共卫生事件应急条例》《动物防疫法》《食品卫生法》《进出境动物检疫法》等
4	社会安全事件类	《戒严法》《人民警察法》《集会游行示威法》《监狱法》《信访条例》、《企业劳动争议处理条例》等

虽然各个领域都有相应的应急法律法规，但在实际应用中我国应急管理法律法规仍有不足之处。主要体现：某些领域的应急法制仍不完善。比如恐怖性突发事件方面还没有立法；许多应急处置立方重视应急权力的配置，但却忽视对应急权力的限制和对这些权力造成的危害结果的救济。重视纵向关系上机构之间的领导和被领导关系，忽视横向层面上的机构的协调和监督等；已有的应急法律法规执行不到位，有法不依、执法不严、行政不作为、难获救济等。

3. 我国《突发事件应对法》简介

《突发事件应对法》是一部为了预防和减少事件的发生、控制、减轻和消除突发事件引起的社会危害，规范突发事件应对活动，保护人民生命财产安全，维护国家安全、公共安全、环境安全和社会秩序而制定的法律。其核心是"规范政府应急管理，保障公民利益"。

（1）《突发事件应对法》的结构框架。《突发事件应对法》包括总则、预防与应急准备、监测与预警、应急处置与救援、事后恢复与重建、法律责任、附则共七章。

（2）《突发事件应对法》的总体精神。

1）立法宗旨。是为了预防和减少突发事件的发生，控制、减轻和消除突发事件引起的严重社会危害，规范突发事件应对活动，保护人民生命财产安全，维护国家安全、公共安全、环境安全和社会秩序。

2）适用范围。适用于突发事件的预防与应急准备、监测与预警、应急处置与救援、事后恢复与重建等应对活动。

3）基本定义。《突发事件应对法》中的突发事件是指突然发生、造成或者可能造成严重社会危害，需要采取应急处置措施予以应对的自然灾害、事故灾难、公共卫生事件和社会安全事件。

4）突发事件的分类：根据突发事件的发生过程、性质和机理，将突发事件主要分为自然灾害、事故灾难、公共卫生事件、社会安全事件四类。

5）国家应急管理体制。《突发事件应对法》规定，国家建立统一领导、综合协调、分类管理、分级负责、属地管理为主的应急管理体制。

6）国家应急管理机制。《突发事件应对法》规定，国家建立统一指挥、反应灵敏、协调有序、运转高效的应急管理机制。增强全民的公共安全和防范风险意识，提高全社会的避险救助能力。

7）应急管理原则。《突发事件应对法》规定，突发事件应对工作实行预防为主、预防与应急相结合的原则。国家建立重大突发事件风险评估体系，对可能发生的突发事件进行综合性评估，减少重大突发事件的发生，最大限度地减轻重大突发事件的影响。

8）《突发事件应对法》要求建立的基本制度。具体包括：突发事件的预防和应急准备制度；突发事件的监测制度；突发事件的预警制度；突发事件的应急处置制度；突发事件的事后恢复与重建制度。

第二章
供电企业应急管理体系建设现状与发展方向

第一节　供电企业应急管理的发展历程及现状

一　供电企业应急管理的发展历程

供电企业的应急管理体系建设与国家应急管理发展同步，从 2003 年开始。以 2008 年南方雨雪冰冻灾害为分水岭，大致分为两个阶段。

第一阶段：2003 年 ~ 2008 年，应急预案建设起步阶段。

2003 年，国家电网公司印发《国家电网公司重特大生产安全事故预防与应急处理暂行规定》。

2004 年，国家电网公司印发《国家电网公司城区电力系统突发事件应急预案编制规范》。

2005 年，国家电网公司印发《国家电网公司处置电网大面积停电事件应急预案》。

2005 年 5 月 24 日，国务院办公厅印发《国家处置电网大面积停电事件应急预案》，标志着政府层面电力安全应急机制的建立。该预案授权国家电力监管委员会统一领导指挥电网大面积停电应急处置工作，供电企业具体负责电网大面积停电应急处理、事故抢险、电网恢复等各项应急工作。

2007 年，国家电网公司印发《国家电网公司应急管理工作规定》，明确了国家电网系统的应急组织体系、应急预案体系、应急保障体系、应急培训与演练、应急实施与评估等应急管理工作要求，标志着国家电网公司系统应急机制的建立。

2007 年，国家电网公司印发《国家电网公司应急预案编制规范》，用于指导国家电网公司系统应急预案体系的建设。2007 年出台的两项政策将供电企业应急管理体系建设引向"规范化、标准化、精细化"的快速发展阶段奠定了基础。

第二阶段：2008 年至今，电网应急管理体系全面建设阶段。

2008 年，国家电网公司在公司总部安全监察质量部设立应急处，作为专门的应急管理机构，配置专职人员，开展常态应急管理工作。在网省公司也设立了专门部门及专职人员。启动包括应急指挥中心建设在内的 8 项重点工作，组织地震与雨雪冰冻灾害应急预案的修编。

2009 年，国家电网公司完成省公司应急指挥中心建设，梳理应急预案体系框架，开展大规模应急联合演练等。

2010 年，重点开展"十二五"应急体系建设规划和三年规划，应急预案体系完善。国家电网公司应急预案体系按照总体预案、专项预案、现场处置方案三级设置。公司及省公司（直属单位）层面设总体预案、专项预案，市、县供电公司等单位层面设总体预案、专项预案、现场处置方案。其中，在公司层面，共设置 16 个专项预案，包括处置气象灾害、地震地质等灾害、人身伤亡事件、大面积停电事件、设备设施损坏事件、通信系统突发事件、煤矿及非煤矿山安全生产事件、突发公共卫生事件、电力服务事件、重要保电事件等应急预案。

🔹 供电企业应急管理工作现状

国家电网公司按照"一案三制"的要求，围绕"五大体系"（大规划、大建设、大运行、大检修、大营销），和"两个系统"（预防预测系统、监控预警系统）的建设，整合系统应急资源，不断提升应急管理能力，逐步形成了"统一指挥、结构合理、功能齐全、反应灵敏、运转高效、资源共享、保障有力"的应急体系。

国家电网公司成立了专门机构，统筹应急管理。建立了应急指挥组织体系，初步完善了公司系统综合、专项和现场处置应急预案，出台了《应急工作管理办法》等规章制度，建成了公司总部、省公司应急指挥中心，初步建成了总部和 5 个区域应急物资储备库，建成了独立的应急通信系统，成立了直升机公司，组建了网省公司和地市两级公司的应急抢修队伍，全面开展应急培训和演练，初步建立突发事件监测预警、信息报告制度，应急响应和处置能力明显提升。

近年来，国家电网公司成功应对和处置了 2008 年南方雨雪冰冻灾害、2008 年"5·12"四川汶川特大地震，2010 年"4·14"青海玉树地震、甘肃舟曲泥石流等灾害，圆满完成了 2008 年北京奥运会、国庆 60 周年庆典、2010 年上海世博会等重大活动的保电任务。

虽然供电企业最近几年积极推进应急管理体系建设，取得了显著成效。但应急管理工作还存在薄弱环节：应急意识和理念有待进一步提高；应急体系有待进一步完善；应急保障体系尚待完善；突发事件的处置水平有待提高；应急工作统一组织、协调一致性有待提升，物资装备不适应应急工作需要……

第二节　供电企业应急管理体系发展方向

2011 年，国家电网公司制定了应急管理体系"十二五"建设规划，并明确了十项重点建设任务。

一 建设规划

1. 建立健全"五大体系"

（1）建立健全应急组织体系。总部、省设立应急管理机构，地县公司配备专兼职应急管理人员，形成"职责明确、组织有序、指挥得力、分级负责、上下联动"的应急组织体系，实现应急管理工作常态化。

（2）建立健全应急预案体系。完成公司各级应急预案的编制和修订工作，建立公司"横向到边、纵向到底、上下对应、内外衔接"的应急预案体系。

（3）建立健全应急制度体系。健全覆盖公司系统的"框架明晰、层次分明、上下衔接、简捷有效、系统全面"的应急管理规章制度体系。

（4）建立健全培训演练体系。完成应急专业培训基地、应急培训师资队伍、培训教材等建设，形成"设施齐全、师资雄厚、教材实用、手段丰富"的培训演练体系。

（5）建立健全科技支撑体系。开展电力应急理论与技术研究。加大应急新技术及装备开发力度。

2. 提升"四种能力"

（1）提升应急队伍能力。依托公司现有各专业队伍，整合各类专业技术力量，建立省、地市、县三级应急队伍，总部、省和地市三级应急专家队伍。

（2）提升综合保障能力。全面完成各级应急指挥中心建设；建立3个个公司挂牌的应急专业培训基地，形成专业合理、装备精良的各级应急救援队伍；完成应急物资储备体系、备用调度系统和应急电源系统建设；形成先进、可靠、实用的应急通信系统，反应迅速、保障有力的后勤保障体系，资金相对充裕、使用合理规范的应急资金保障体系；扩大国家电网通用航空公司机队和飞行员规模，拓展直升机作业在电网应急中的应用范围。

（3）提升舆情应对能力。规范信息对外纰漏工作，建立舆情分析、应对、引导常态机制。

（4）提升恢复重建能力。完善应急能力评估体系，建立灾害快速反应体系，提高灾害自救能力、事故灾害调查评估能力和恢复重建能力。

3. 建成"两个系统"

（1）建成预防预测和监控预警系统。开展危险源分析和评估，提高预防预测能力与水平；利用公司智能电网建设成果，形成覆盖全网的预防预测和监控预警网络，提高突发事件监测预警能力。

（2）建成应急信息与指挥系统。全面完成公司总部、省、地市、县供电企业应急指挥中心的建设，推进省公司移动应急平台建设。

4. 应急管理体系建设重点任务

国家电网公司应急管理体系建设的十项重点任务见图2－1。

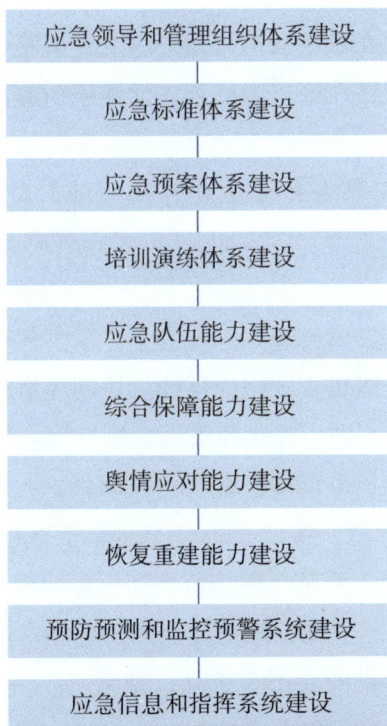

| 应急领导和管理组织体系建设 |
| 应急标准体系建设 |
| 应急预案体系建设 |
| 培训演练体系建设 |
| 应急队伍能力建设 |
| 综合保障能力建设 |
| 舆情应对能力建设 |
| 恢复重建能力建设 |
| 预防预测和监控预警系统建设 |
| 应急信息和指挥系统建设 |

图2－1　国家电网公司应急管理体系建设重点任务

第三章

供电营销服务突发事件应急管理

在供电营销服务突发事件处理中，如果没有明确的组织流程或正确的处理方法，将会导致突发事件在处理过程中出现混乱的状态，甚至耽误了最佳的处理时机，使供电企业本可以占据主动地位而变为被动状态。因此，供电企业在供电营销服务中应建立突发事件的组织体系和处理流程，以使突发事件在处理中达到快速和顺畅的效果，最大限度地保障服务人员和客户的生命财产安全以及业务办理的有效性，提升供电企业的社会形象。为此供电企业应建立相应的服务突发事件应急处理体系。

1. 原则

供电营销服务突发事件坚持以人为本、减少危害；预防为主、超前演练；统一领导、分级负责；快速反应、协同应对的处理原则。

（1）"三负责"原则，强化各级人员执行力，坚持"谁主管，谁负责；谁组织，谁负责；谁落实，谁负责"原则。

（2）"四全"管理，将"全面、全员、全方位、全过程"的"四全"工作管理意识融入到整个舆情监控和应急处理工作的始终。

（3）"四不放过"原则，凡是发生突发事件且没有得到妥善处理的要追究责任，发生后果的要严肃查处，做到"事件原因不清楚不放过，事件责任者和应受教育者没有受到教育不放过，没有采取防范措施不放过；事故责任者没受到处罚不放过"。

2. 组织体系

建立供电营销服务突发事件领导小组，组长应由主管营销副总担任，常务副组长应由营销部主任担任，组员应由营销各部门负责人担任，并建立供电营销服务突发事件应急处理流程，见图 3 - 1。

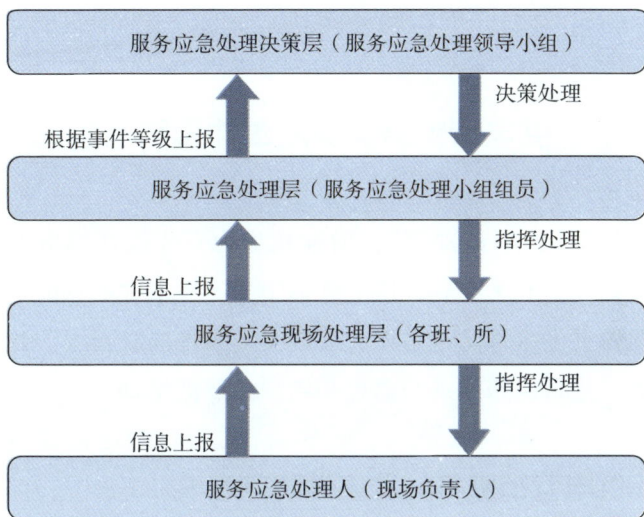

图 3 - 1　供电营销服务突发事件应急处理流程

3. 应急处理预案

（1）事前预控，明确职责。在供电营销服务过程中，虽然各类突发事件的发生是不可控的，但供电公司在服务中应当想到突发事件发生的可能性，以便建立相应的紧急处理预案，明确处理职责，控制事发时的处理过程，降低处理突发事件时的风险。

（2）事中应对，突出高效。当突发事件发生时，如何快速高效地应对，是摆在供电服务人员面前的一个课题，突发事件处理得当，不但能降低供电公司的风险，同时还可以赢得客户的尊重，提升公司的社会美誉度。因此建立各类突发事件应急处理流程或措施很有必要，它不但能指导服务人员对突发事件做出正确处理，同时还能提升突发事件处理的效率，对于一些能够影响到生命的突发事件，还可以达到以时间换生命的效果。

（3）事后总结，防微杜渐。突发事件的处理预案，是在未发生突发事件时预想的处理方式，而当突发事件真正发生时，现场的处理有可能与预想的不一致，或者有些差别。因此，在突发事件处理完毕，要及时总结并完善应急处理预案，使其达到日臻完美。

第一节　供电营销服务突发事件预防与应急准备

"凡事预则立，不预则废"，增强预见力，才能从容应对危机，化腐朽为神奇，变不利为有利。供电营销服务突发事件的预防与应急准备主要包括培养突发事件防范意识、编制突发事件应急预案、建设突发事件保障体系、进行隐患调查与监控和组织必要的培训与演习等。

一　培养供电营销服务突发事件防范意识

日常工作中，供电营销服务人员应从以下方面增加突发事件的防范意识。

（1）在灾害多发期，应防范气象灾害造成停电所带来的社会影响。

（2）供电营销服务过程中，当出现服务中断时，应防范公共事件的发生。

（3）当电网发生停电故障时，应防范供电企业与客户之间信息不对称而引发的舆情危机。

（4）应对高危和重要客户安全用电的管控时，应坚持常态化、制度化，发现客户方或供电方存在安全缺陷及时整改，避免因客户设备故障引发主网故障。

（5）营销部门应积极沟通，紧密配合舆情应对归口部门建立与新闻媒体的常态联络机制，对即将被负面曝光的服务事件，提前应对，尽早尽快处置，降低负面影响。

（6）供电营销服务人员对各渠道收集到的客户意见和诉求，应保持高度敏感，发现有升级的苗头，应立即上报并迅速处置解决。

（7）为预防供电营销服务事件的发生，应建立以营销、生产、调度等部门组成的服务风险事件调查收集网络，并组织普查。

✏ 案例 ═══════════════════════════════════

"供电公司考试，急坏缴费人"

某市电视台晚间新闻节目报道了"供电公司考试，急坏缴费人"新闻，引发老百姓的广泛关注。

2013 年 3 月的某天 8 时 30 分，某供电公司供电营业大厅门口挤满了几十位等待缴费的电力客户。时间悄然过去了半小时，大门依然紧锁，没有丝毫动静。忽然，客户发现玻璃窗上张贴有通告，告知："客户服务人员上午因参加供电公司组织鉴定考试，故上午暂停业务办理。"看到通告后，等待的人群开始沸腾起来。有的客户拨打 95598 供电服务热线投诉，有的联系电视台记者要求曝光。赶到现场的记者采访了欠费停电需要马上缴费恢复送电的客户、乘坐 1 小时的汽车才赶到营业厅缴费的客户……记者联系供电营业厅经理，供电营业厅经理表示争取最快的时间赶回来，开通缴费业务。

该事件反映出供电营销服务人员缺乏危机防范意识，导致供电营销服务突发事件的发生，应予以杜绝并认真反思。

⬡ **编制营销服务突发事件应急预案**

根据《国家电网公司应急预案编制规范》《国家电网公司电力服务事件处置应急预案》《国家电网公司供电服务突发事件应急处理预案》等标

准制度及预案进行编制。供电营销服务突发事件应急预案应包括总则、组织机构及职责、事件定义、应急预警、应急响应、应急保障、后续工作、附则。

应急预案必须实施动态管理，积极收集有关信息，评估应急过程中的不足和缺陷，适时修订和更新应急预案，切实提高预案的科学性、针对性、有效性。

建立突发事件应急保障体系

为了有效地应对营销服务中各种突发事件，减小损失，在应急组织、物质装备、通信指挥、信息化、社会联动等各方面开展应急保障体系建设。

1. 加强组织领导和应急机构建设

国家电网公司电力市场建设和优质服务领导小组是供电营销服务突发事件应急处置工作的领导机构，统一领导供电营销服务突发事件的应急处置，对相关重大问题作出决策和部署。领导小组办公室具体负责供电营销服务突发事件的应对和处置工作，贯彻执行领导小组的各项决策和部署。各省公司、地区公司优质服务领导小组和办公室负责对本地区、本单位供电营销服务突发事件进行应对和处置，并将有关信息及时上报上一级领导小组办公室。

2. 成立营销服务突发事件应急队伍

应急队伍应以营销部、生产技术部和办公室人员为基础组建。应急专家组由新闻发言人、营销、客户服务、生产技术和谈判等方面专家组成。

3. 建立应急管理投入和保障机制

设置应急处置专项基金，在年度预算中优先安排，确保应急支出需要。特别紧急情况下，可由事发单位预先拨款支付。发挥保险的社会辅助管理功能，为突发事件提供保险服务。

4. 强化应急物资管理

建立健全应急物资装备储存，保障生活用品供应，配备各类应急工作所需的防护装备及应急电源。

5. 建立信息报告系统

建设应急管理信息平台，实现应急信息资源整合、传输与共享。明确应急处置的各级、各类联系方式，包括应急领导小组联系方式、信息报送组织联系方式和应急队伍联系方式。

6. 其他保障系统

交通运输系统，满足在服务突发事件发生后的车辆需要；医疗保障系统，与社会医疗机构建立良好协作关系，必要时提供医疗救助服务。

（四） 进行隐患调查与监控

风险隐患排查是有效预防和妥善处置各类电网突发事件的一项基础性工作，可以从源头上预防和减少供电营销服务突发事件的发生，尽量把突发事件控制在萌芽状态。供电营销服务风险点隐患调查与监控应从三个纬度进行。

1. 企业管理层面存在的风险点

具体包括：电费上缴月结零抄表员私自垫付电费的问题；抄表、催费、停电单送达的问题；抢修45分钟不能按时到达的问题；多经工程施工不规范的问题；计划停电超期送电，临检不通知，计划停电随意变更的问题；生产人员为客户服务意识薄弱的问题等。

2. 服务体系中多部门协同存在的风险点

具体包括：责任部门遇到敏感问题时互相推诿；电力工程建设施工后遗留问题因找不到责任单位无法及时处理；报装接电中报批手续繁琐、各个协同环节拖延等。

3. 营业厅（所）及现场服务中存在的风险点

具体包括：营业厅人员服务不热情、不积极、不主动、不执行首问负责制；抄表人员现场服务中态度冷漠、语言强硬、抄表差错、催费停电流程不规范；抢修人员抢修不积极、语言生硬、态度冷漠；用电检查人员现场检查时行为强硬等。

针对上述突发事件风险点，可以看出，应切实提高供电营销服务人员服务风险防范意识，进一步加强服务协同管理力度，推进从被动防范向源头管理转变，从事后查处向强化基础管理转变，强化风险隐患排查整改的工作。

五 组织必要的培训与演练

1. 应急培训

加强应急理论知识和技能培训，熟练掌握应急预案内容和工作流程，不断提高应急处置和指挥协调能力。

2. 应急演练

组织应急演练，增强应急实战能力，检验应急预案的有效性和实战性。检验应急事件的组织管理、事件根源消除的速度、上下联动、快速响应的能力、诉求畅达、保持稳定的能力、媒体应对、信息报送、交通保障等应急管理实战能力。演练结束后应及时组织评估，完善应急措施。

第二节　供电营销服务突发事件应急预警

突发事件的量变过程中必然带有某些倾向性的征兆和苗头，供电营销服务过程中可以在一定程度上进行预测、判断和预警，以便及时捕捉带有倾向性的问题，赢得先机，减少危害。突发事件预警指的是在发现突发事件即将发生或者发生的可能性增大的征兆时，应急管理的主体向潜在的受影响者发出的警报的行为。

一 预警

预警应做到以人为本，及时、准确、全面。在下列情况下，各级优质服务突发事件类应急工作组和应急处置协调小组应做好事件预测和预警工作。

（1）国家发布自然灾害或出现夏季高温、冬季低温预警、事故灾难预警、社会安全事件预警等预警信息。

（2）上级单位、公司应急领导小组发布预警信息。

（3）公司其他应急工作组发布预警信息。

（4）公司各部门各单位和下级单位反映情况异常。

（5）95598供电服务热线、营业厅等服务渠道发现情况异常。

（6）重要客户停电监测。

（7）政府部门、监管机构、社会团体、新闻媒体在短期内对某些事项重点关注。

（8）通过某些渠道监测到的大面积停电风险。

（9）其他异常情况。

预警分级按照《国家电网公司电力服务事件处置应急预案》规定分级。

二 预警响应

接受到预警信息，供电营销服务突发事件类应急工作组经分析判断后，对可能导致发生突发事件的，应立即向上级汇报，并及时组织相关部门、单位做好应急响应准备工作，督促并检查应急响应准备情况及做好新闻披露准备工作。

各相关单位和部门应立即派员赴现场或与相关单位、个人联系，了解事件发展事态，采取有效措施防止事件扩大。

案例

网络舆情监控到位，动车事故救援及时

2011 年"7·23"甬温动车追尾事故中，国网浙江温州市供电公司品牌管理中心和陆城供电分局新闻舆情工作人员通过网络舆情监控，在事故发生仅几分钟后即发现网络微博大规模转载动车事故相关信息，立即联系相关部门核实情况，经过确认后，及时向上级汇报。国网浙江省电力公司及时启动应急预案，迅速参与事故的应急救援工作。仅在事故发生半小时内，陆城供电分局和应急救援基干队作为救援主力到达事故现场，成为最早最快到达现场的救援队伍之一，及时为救援工作提供了充足照明，为事故救援和伤员救治提供了强有力的电力保障，得到各级政府领导的肯定和赞扬。

上述案例告诉我们，建立突发事件信息系统，是做好突发事件预警工作的前提。建立多元化、全方位的信息收集网络，拓宽信息收集渠道，提高突发事件信息的时效和质量。

第三节　供电营销服务突发事件应急响应

应急响应是应急管理工作的最重要的职能之一。开展应急响应能最大限度地减少损失，防止事态扩大和次生、衍生事件的滋生。

一　应急响应的主要原则

1. 以人为本原则

任何的突发事件都会产生多种威胁，造成多种损失，面临多重价值

目标的选择。应坚持"先救人，后救物"的原则，千方百计、最大限度地保护和抢救大多数人包括应急救援人员的生命安全。比如，在供电营业厅发生客户因疾病突然晕倒事件，应遵循生命第一的原则，运用多种救护措施和积极送医治疗。

2. 整体性原则

突发事件时多种因素综合作用的结果，因此，处置突发事件时必须突出一个"合"字，即相关部门形成合力，协同配合，才能及时形成和贯彻科学的决策，迅速解决问题。

✎ **案例**

多部门协同配合，降低停电事故影响

2013 年 6 月 5 日 20 时，某市发生停电事故，该市电力公司第一时间启动应急预案，进入应急响应。电网应急指挥机构和电网调度机构，组织开展事故处理、事故抢险、电网恢复、应急救援等工作。外联部与媒体积极沟通、发布信息和做好舆论宣传工作，减少公众恐慌情绪。与政府、各有关部门、各类电力用户分别沟通，按职责分工立即行动组织开展社会停电应急救援和处置工作。生产部门调派人员积极奔赴现场进行故障抢修，排除风险点。呼叫中心设置语音通报系统，告知发生停电原因及客户恢复送电时间，请求客户的谅解。多部门协同配合，发挥整体功效，实现了快速送电，最大限度地降低了社会影响。

3. 及时性原则

突发事件瞬息万变，来势凶猛。早发现，早预防，早报告，早准备，早拿出预案，早采取措施，这是有效控制突发事件发生和发展的有效方法。否则，如果错失处理危机的最佳时机，就会使危机蔓延扩大，甚至造成难以控制的被动局面。

4. 分工负责原则

服务突发事件发生后，营销部落实应急处置小组的相关要求，组

织、协调相关职能部门开展工作，及时掌握各项工作的开展情况和事件发展态势；办公室负责应急处置过程中与政府协调和维稳工作；生技部负责应急救援和抢修恢复等工作；新闻中心负责新闻处置工作等。

5. 科学合法原则

充分借鉴和利用各种高科技成果，发挥专业人员的决策智力支撑作用，科学、依法、有序地进行应急管理。

6. 公开性原则

供电营销服务突发事件发生后，应迅速开放传播通道，适时公布事件真相。既要如实报道，又要注意时效性，还要加强导向性。需要公开的信息内容包括有关突发事件自身事态发展的信息和应急管理工作进展的信息。信息公开是为了满足公众的知情权，防止和遏制虚假信息和各种谣言的传播，有效控制新闻走向，掌握对外报道的主动权，维护供电企业的利益和形象。

7. 转危为机原则

当今时代，应对突发事件不能仅仅停留在化解危机上，而应该是用积极的态度从突发事件中发现机遇，化突发事件为重生的转机。在2013 年芦山地震救援中，各大媒体及时、迅速报道国网四川省电力公司第一时间应急响应，上下联动，快速有效的抢险救援、恢复供电的事迹，赢得社会各界的广泛赞誉，凸显了负责任的全球最大公用事业企业良好形象。

⬡ 供电营销服务应急响应基本流程

1. 识别危机隔离险境

当突发事件发生后，有关人员应在第一时间准确识别危机，鉴别危机的性质和严重程度，并根据突发事件严重程度进行分类。《国家电网公司优质服务突发事件应急处理预案》规定，供电服务突发事件按照事件的影响程度分为三类。

（1）一类事件包括：涉及一类及以上用电客户并造成重大影响的停电事故，被中央或全国性媒体曝光并产生重要影响的停电事故，客户向网省公司集体越级投诉的供电服务事件，被中央或全国性媒体曝光并产生重要影响的供电服务事件，其他严重损害国家电网公司形象的供电服务事件等。

（2）二类事件包括：涉及二类用电客户并造成重大影响的停电事故，被省级媒体曝光并产生重要影响的停电事故，客户向地市公司集体越级投诉的供电服务事件，被省级媒体曝光并产生重要影响的供电服务事件等。

（3）三类事件包括：被地市媒体曝光并产生重要影响的停电事故，客户向县（市）公司集体投诉供电服务事件，被地市媒体曝光并产生重要影响的供电服务事件等。

在发生火灾、地震、洪水等自然灾害突发事件时，要组织客户迅速隔离险境，处理期间必须突出一个"快"字。要快速反应、快速发现、快速报告、快速出动、快速到位、快速展开、快速介入，以便抓住先机，争取主动。面对突发事件险境，主要做好两个方面的隔离。一是对人员的隔离。坚持人道主义的原则，把人的生命安全放在首位。二是对现场的隔离。一般事发现场要拉警戒线或者警戒标志，不允许非现场处理人员进入，便于事态的控制和事件的处理。另外，在具体事件发生原因还未查明时，要将媒体报道和公众反应集中于对伤亡人员的救助方面。

2. 全面调查事件真相

供电营销服务突发事件被暂时控制住后，应对者应马上进入第二阶段，即探寻突发事件产生的原因。事件的原因一般都很复杂，常常隐含在各种现象之中。例如，当供电营销服务事件发生时，要及时收集与事件相关的发生过程、事件原因、影响范围、客户损失、处理进程、社会反应、严重程度、可能后果等信息，形成基本的调查报告。

调查报告的内容一般包括以下几方面内容：

（1）突发事件的基本情况。包括事件发生的时间、地点、环境、危害程度等。

（2）突发事件目前的状况和发展趋势。包括事态现状、事态发展趋向、采取措施、应对措施的实施情况、控制的程度等。

（3）突发事件产生的原因和影响。包括引发事件的原因、人员伤亡和财产损失数量及价值，事件涉及的范围，以及在企业形象等方面的影响。

（4）突发事件涉及的对象及其反应。包括直接和间接受害者、相关的社会组织和个人与处置突发事件相关的机构包括新闻界说法和群众舆论等。

对突发事件的信息收集工作可以通过大众传媒、事故及隐患鉴定报告、实地调研与考察三个方面进行收集。

3. 启动供电营销服务应急预案

在识别危机性质、级别和隔离危急险境后，要迅速启动事故处理预案等，将突发事件的损害减少到最低程度。在调查研究的基础上，在对事件进行准确定性之后，重新明确组织机构的职责范围和目标，突出工作重点，迅速会同有关职能部门分析、决策，并制定出几套可行的处置事件的总体方案。

供电营销服务突发事件应急处理预案是对处置各类突发事件基本程序，如发生情况向谁汇报、报告的内容、应该采取的措施等。应对突发事件小组在到达事发现场后，应该对突发事件进行充分的了解与核实，如发现与汇报不符的事实和情节，必须立即报告并有针对性地调整处置计划。

《国家电网公司优质服务突发事件应急处理预案》规定，当发生供电服务突发事件时，各单位要按照事件的具体情况，根据职责分工，相应启动事故处理预案、供电抢修预案等，开展紧急处置，防止事态进一步扩大，尽可能挽回或减少客户和公司的经济损失。同时要及时收集与事件相关的发生过程、事件原因、影响范围、客户损失、处理进程、社会反应、严重程度、可能后果等信息，报本单位优质服务领导小组办公室。

优质服务领导小组在接到供电服务突发事件信息报告后，应迅速分析事件的性质、影响范围、严重程度、可能后果等，并按照事件类别，在上报时限内向上一级报告事件情况。具体上报时限：

（1）一类事件应在事件发生 4 小时之内上报国家电网公司优质服务领导小组办公室。

（2）二类事件应在事件发生 2 小时之内上报省公司优质服务领导小组办公室并及时报国家电网公司备案。

（3）三类事件应在事件发生 2 小时之内上报地区供电公司优质服务领导小组办公室并及时报省公司备案。

4. 适时汇报公布真相

应急管理领导小组在接到供电营销服务突发事件信息报告后，应迅速分析事件的性质、影响范围、严重程度、可能后果等，并按照时间类别在报告时限内适时向上一级报告事件情况；向新闻媒体公布真相。

《国家电网公司优质服务突发事件应急处理预案》第十条规定，供电服务突发事件发生后，有关新闻发布应急处置工作按照《国家电网公司突发事件信息报告与新闻发布应急预案》要求办理，及时向社会公布事件的真实情况，预防恶意炒作，维护公司利益和形象。

5. 实施应急处置方案

避免突发事件发生连锁反应或发展上升为特别严重的事件，努力减轻和消除各方面的损害。供电营销服务突发事件发生后，确定并实施应急管理的具体方案应注意以下几方面问题：

（1）要先期处置，初步收集受损情况，及时汇总并上报。

（2）应急指挥部召开会议，研究部署响应处置的各项工作。

（3）调集生产、营销、农电等多方应急力量，对停电类服务事件，迅速组织抢修，恢复送电，控制事态发展。对服务类事件，做好投诉接待受理，及时组织客户服务人员主动与客户沟通，听取客户意见，商议事故解决方案，做好解释工作，取得客户谅解，维护公司服务形象。

（4）突发事件已由媒体公开并造成广泛影响的，应该及时拟定新闻发布方案和内容，进行新闻发布。应与当地的报纸、电视、电台等新闻媒体，保持联系与沟通发布突发事件的真实情况和处理的最新进展。对手机短信、网络论坛、微博等现代传播媒体，由信息网络部及时跟进沟通，正确引导社会舆论。

（5）注意及时跟踪校正。在贯彻执行阶段，反馈的结果如果符合实际即可继续实行。如果有问题，则应跟踪校正，准备一些防范措施和应急措施，以减少潜在问题出现的可能性和危害性。

第四节　供电营销服务突发事件的恢复与重建

供电营销服务突发事件得到有效控制或平息后，并非意味着突发事件管理的终结，而是标志着事件转入到恢复和重建或称后续与保障阶段。该阶段通过调查评估发现问题、总结经验、学习提高。

一　突发事件恢复与重建的含义

突发事件恢复与重建包括四个方面的含义：

（1）解决和控制与突发事件问题相关的、可能导致再度发生突发事件的各种问题，巩固突发事件的处置结果。

（2）弥合或弥补突发事件造成的社会、情感、经济和物质的创伤与损失，对它们进行修复和重建。

（3）对受到突发事件影响的公众进行相关的赔偿、补偿、救济等。

（4）减少未来服务所面临的风险。

📑 恢复与重建的内容

（一）善后处置

（1）进行人员表彰和处理。对在供电营销服务突发事件处置中做出突出贡献的单位和人员给予表彰和奖励；在突发事件处置过程中工作不力，造成恶劣影响或严重后果的单位和人员，按照有关规定追究其责任。

（2）确保人心稳定。进行积极的心理危机干预。因突发性事件导致的心理危机的，需要采取心理危机干预技术与措施。比如心理支持和陪护技术、放松技术、心理宣泄技术、严重事件晤谈技术等进行干预辅导，否则可能引发心理疾病或躯体疾病，给当事人带来焦虑、恐惧、心理崩溃、幸福感丧失等严重的后果。

（3）完善信息保障。各供电（电力）公司通信、信息等部门对营销服务突发事件信息报告与新闻发布提供保障、技术支持和相关服务，并在发生突发事件的情况下，按照优质服务突发事件领导小组要求建立应急通信网络，优先保障相关通讯设备和信息网络的安全、畅通。

（二）恢复重建

（1）事件调查。按照国家电网公司有关规定展开调查，营销部与生产、信访等部门相互配合调查供电营销服务事件相关资料，研究分析事件发生原因、发展过程、汲取教训，提出减少事件发生的对策、措施及维护和谐供用电环境的工作建议，事件的性质和责任的查明，编写事故调查报告。

（2）媒体沟通。与发生供电营销服务事件的媒体负责人、记者等进行联络，沟通事件处理结果等。必要时可采取电视、电台、网络访谈等形式或发送新闻通稿等与公众进行沟通互动。

（三）调查评估

1. 应急处置总结评价

营销服务事件处置结束后，营销服务应急管理领导小组对应急预案和应急处置过程进行全面总结和评估，评估有关措施的合理性和有效性，反思工作中漏洞，总结规律。应急办公室根据评估结果及时对应急预案的不足之处进行修订，进一步完善应急服务机制。

2. 应急工作总结评价

供电营销服务应急处置的效果如何，与日常的应急管理密切相关。做好善后、总结教训、杜绝重演，是应急管理中的最后一环。在现实生活中，一些重大突发事件连连发生，一些悲剧屡屡上演，让人心痛和警醒。分析事件原因进行总结，有针对性地提早介入，解决一件、预防一批、杜绝一类，不能让同样的事故重复出现。

（四）转"危"为"机"

1. 提升能力锻炼队伍

在供电营销服务突发事件应急处置过程中，客户代表能够从危机中学习、成长，提升心理素质、应变能力、协调能力和沟通能力等多方面能力；同时，锻炼了应急指挥队伍服务协同能力。

2. 提升水平重塑形象

供电营销服务突发事件成为一定时期内的焦点和热点，督促供电企业进一步完善管理体制，管理水平再上新台阶；同时，以坦率诚实的态度在供电服务的系统内安排各种交流活动，面对问题，总结经验教训，公布整改措施；及时告诉公众突发事件后的新局面、新进展，提高企业认可度，重塑供电企业服务新形象。

第四章
供电营销服务舆情应对

舆情的全称为"舆论情况",是较多公众对于社会中各种现象、问题所表达的信念、态度、意见和情绪等所表现的总和。其载体为网络、报纸、电视、广播等。一个社会热点事件,在互联网的作用下,通常情况下6小时内就可能形成新闻热点,12小时可能传遍全国。发生社会热点事件后,一旦失去有效监测和正确引导,其社会危害性将难以估量。

随着供电企业市场化改革的不断深化,企业生产经营活动越来越受到媒体关注。供电企业的领导作风、服务质量、安全事故、电磁环境、收费问题、"三指定"、拉闸限电、电价调整等问题,与社会和公众生活息息相关,很容易成为媒体、网民追逐的热点事件。把握当前舆论形式,了解媒体和掌握媒体应对的知识,与媒体建立良好的公共关系,及时引导舆情,是供电企业当前亟须重视和应对的课题。

第一节　供电营销服务突发事件舆情应对原则

供电营销服务突发事件舆论危机应对原则包括第一时间原则、公开透明原则、真实坦诚原则、第三方原则、情感原则、口径一致原则和留有余地原则。

1. 第一时间原则

第一时间原则是指发生重大突发事件时，职能部门及时获取信息，快速分析研判，迅速行动部署，为时间妥善处置赢得宝贵时间。第一时间原则在应对供电营销服务突发事件中尤其重要。

案例

主动及时沟通媒体，缓解民众焦虑情绪

2013 年 7 月 2 日 8 时，某市突然刮起大风。又因数日持续降雨，上午 11 时左右某小区旁因大树倒伏砸断高压线，造成一定区域内停电事故，95598 供电服务热线话务量骤增。当工单派至某市 95598 远程工作站后，工作人员马上联系抢修人员。11 时 20 分抢修人员进入抢修地点，投入抢修工作。某市供电公司外联部工作人员接到一定区域内停电事故信息后，于 11 时 25 分编辑短信，发送至当地电视台《午间新闻播报》栏目组、广播电台和政府网站。电视台栏目组马上以滚动字幕形式发布停电原因及恢复供电时间等信息。同时，企业发出官方微博，公布停电事故原因和预计恢复供电时间。停电区域的老年市民、年轻人、上班族分别可以通过收听广播、微博、网络等第一时间了解停电原因及恢复供电时间，大大减少了民众的焦虑情绪。

此案例中，95598 供电服务热线第一时间接到工单，迅速联系抢修人员，抢修人员第一时间赶到事故现场。外联部工作人员接到事故信息后，第一时间向电视台、广播电台、政府网站等官方媒体发送停电原因及恢复送电时间。供电企业官方微博也第一时间发布信息。面对突发停电事件，第一时间发出权威声音，做到尽可能早、尽可能透明，尽可能准确，尽可能信息量大地发出权威声音，引导舆论。

如果此时保持沉默，导致供电企业的声音在关键时刻缺失或滞后，舆论传播中有"先入为主"的规律，就会给谣言的产生和传播以巨大

空间。国务院前新闻发言人赵启正有一句名言："你不主动，就要被动。你不讲故事，别人就会讲故事。你不讲真故事，别人就可能讲假故事。然后真假难辨。"

2. 公开透明原则

信息透明是危机处理，透明度决定公信度。将失误和灾难当做负面新闻而有意遮掩，寄希望于大事化小、小事化了，时过境迁、关注降温，是不可取的。

✐ **案例**

客户网络晒电费单，媒体跟风上演"电费门"

2011 年 1 月，某供电公司工作人员把 94880 千瓦时电量、52824.3 元电费的发票邮寄给客户，被客户通过微博曝光，引发媒体跟踪报道和网友热议。该客户微博晒出的两个月的电费账单对比，相差 720 多倍。事情发生后，工作人员没有本着公开透明的原则进行道歉和表达诚意，以致事态升级扩大。部分微博如下：

> 2 月 15 日 15：59 至于怎么解决的，就是供电局派一大妈来把五万多的单子收走，补了另一种。我老实人早就缴了，别问人家有没有道歉了，这么奢侈的事我想都没有想过。

> 2 月 15 日 16：58 刚才有个记者来问我有没有想过要赔偿，啧啧，这胆子也忒大了，敢向电老虎要钱？

> 2 月 15 日 19：50 外面响起了急促的敲门声……门外站着两个愁容满面的男人，五分钟说了 n 个不好意思……其来意有二：一是让我撤下博客里面的照片，而是如果再有媒体来问，请千万美言几句……

> 2月16日10：57　粉丝上一千了，感谢国家感谢某电力公司以及莫某抄表员。

此案例中舆情风险应对缺乏有效组织管理，缺乏公开透明。在没有查清责任的前提下，责任人私下拜访客户，先是急于收回账单，简单道歉了事，后是登门提出要求撤下网站证据、帮忙应付新闻媒体、降低影响，反而被微博客户利用微博直播，给客户留下了急于掩盖真相的不利证据、不想承担责任的印象。

此案例警示我们，在"人人都有麦克风，人人都是发言人"的自媒体时代，危机不会因为传播变得更严重，却能因遮掩事件真相、糊弄公众、躲避媒体，而引发更大的舆情危机，丧失及时补救机会。等到迫于压力不得不公开信息时，则难免陷于被动境地，民众质疑供电企业的公信力。

3. 真实坦诚原则

为什么要公布真相？由于目前信息渠道的多样性，突发事件往往是"瞒得了官员瞒不了记者，瞒得了记者瞒不了线人，瞒得了线人瞒不了网民"。事情的真相往往是"自己不说别人说，政府不说百姓说，媒体不说网民说，国内不说境外说"。因此在一些重大突发事件发生时，不但要说，还要说真话，公布真相。有人总结了"别人说不如自己说，被动说不如主动说，一定时候说不如第一时间说，尽快说不如抢先说，外行说不如内行说，大家说不如专人说，分别说不如统一说，用技巧说不如用事实说"的规律。

✎ 案例

你不给记者所"需要"，记者就找"料"暴料

非典时期某医院隐匿疫情不报，被央视曝光。很快30多位记者来医院采访。找院长，院长关机；找书记，书记出差；找业务院长，业务

院长说你找行政院长；行政院长说找办公室；办公室说找宣传科；宣传科说，我只管医院内部橱窗的建设，不管外宣。30 多位记者一个人也没找到。于是，有的记者就找到医院门口卖冰棍的老大娘。记者问："最近出了事，您有没有看到吕院长啊？"老大娘说："没看见。"记者又问："您多长时间没有看到吕院长了？"老大娘说："搞不清楚。"记者再问："估计有俩礼拜没有？"老大娘说："差不多吧！"记者问："您愿意告诉我您名字吗？"老大娘说："我不愿意。"

第二天媒体报道："据某医院一位不愿透露姓名的内部人士说，该院院长事发之后已半月有余没有在公开场合露面。"遇到这种情况我们会认为记者报道失实，捕风捉影，甚至有时候还敲砸勒索。我们要反思自己，归根到底是我们没有站出来说话，即使我们说的不够好或者说错了，也比由别人说强。所以掌握话语权，要自己说、主动说、用事实说。

4. 第三方原则

第三方原则，即争取权威的第三方出来为你说话，这是危机应对能否成功的一个非常重要因素，让以一当十的人站出来说话。对供电企业而言，第三方包括：一是权威机构，如政府部门、质检部门、行业协会、专业机构等；二是权威人士，如公关专家、行业专家、媒体、消费者等。对政府而言，第三方包括网民、专家学者等。公众对危机信源的可信性评估表明，在舆情危机应对中专家学者作为除了当事的双方之外的第三方，最有发言权和可信度。危机处理中找关键人物疏导是至关重要的。

案例

第三方介入电能表检测，媒体记者见证解惑

2012 年 3 月 16 日，某县供电公司接到客户投诉，反映更换智能

电能表后电量急增，表示情况不查明就不交电费。3月20日，4位媒体记者到供电所了解情况，3月22日，当地晚报刊登《85天用了4000余度电，是电表不正常，还是用电太铺张？》的新闻。随后，该县供电公司邀请当地公证处人员、四家媒体记者、当地派出所教导员、村支书参与电能表检测工作，在共同监督下拆下电能表，由公证人员全程保管，送到技术监督局校验，交验结果反映表计正常。3月26日，当地公证机关出具公证报告，表示电能表正常，当地晚报进行了正面的后续报道。

此案例中，权威第三方是最公正的声音，记者的现场见证最有说服力。在此次舆情风险事件处置过程中，巧妙地利用了这两个"武器"。记者的全称过程跟踪、技术监督局代表的权威性，都有理有据，让人口服心服。通过权威第三方的声音，很好地对智能电能表给出了公正的证明，此种应对措施具有较大的借鉴意义。

5. 情感原则

充满人情味的表述不仅能减缓危机，也能避免危机。没有情感和人情味的表述往往会引发危机。同样一件事，充满情感的、积极的表述让听者如沐春风、悄然冰释。而带着冷冰冰的、例行公事的语气、表情，木讷乏味地进行表述时，则会让听者关闭心扉、抵触对抗。

✎ 案例

服务态度差引网络热议，真诚致歉消客户怒气

某客户投诉某供电公司片区经理赵某联系客户时态度很差，埋怨客户，还对客户进行言语威胁恐吓，疑似要报复。客户在投诉后将此事件上传至地方论坛，引发大家讨论。

调查小组在了解清楚情况后，第一时间派员去该客户的家中，对工作人员的工作态度、语言威胁情况，进行真诚致歉。并与该用户进行交

流，详细地向其解释了客户提出询问的问题。客户接受了道歉，也承认了当时发帖时情绪不佳，言语上的确太过偏激，表示将会在论坛上解释此事，并将帖子删除。

此案例中，服务人员态度不端正，违反了"真心实意为客户着想，尽量满足客户合理要求"规定。《大学》云："言悖而出者，亦悖而入。"当你对客户有威胁恐吓语言时，客户同样对你会回以语言攻击与谩骂。舆情处理的情感原则告诉我们，晓之以理，不如动之以情。此案例中，调查小组工作人员运用情感原则，站在客户的角度，换位思考，将心比心，真诚致歉。在客户心目中建立起一种亲和的营销服务人员形象，所以答应撤帖，解释原因。

6. 口径一致原则

当突发事件发生后，供电企业一般应迅速启动新闻发言人机制，第一时间迅速发布事实真相，用一个声音对外发布信息。这是因为供电企业部门较多、员工较多，有的可能是相关利益相关方，在对事实真相不甚了解的情况下，有时会主观臆测、信口开河、各抒己见。面对几十名甚至上百名关注点和报道角度都不尽相同的记者，如果随意接受采访，可以看到各家媒体报道的结果会千差万别。近些年，在研究、分析、记录重大危机中发现，所有的外部谣言、猜测，都首先来自内部，无一例外。媒体的力量是强大的，媒体会误导不明真相的群众或者被别有用心的人利用，会对事态的发展失去控制，导致一系列连锁事件，或者发生影响社会安定团结的重大事件。因此，无论如何不能擅自对媒体乱表态，坚持用一个声音对外表态。当然表态应事先认真准备，力争科学严谨，避免相互矛盾。

7. 留有余地原则

供电企业的新闻发言人代表企业形象，不能傲慢蛮横、疾言厉色、信口开河，更不能"满嘴跑火车"。讲话争取做到张弛有度、满而不溢。新闻发言人说话要留有余地，不要过度承诺。除非特大突发事件，尽量不要让企业一把手在第一时间充当新闻发言人。

第二节　供电营销服务突发事件舆情应对

当舆论危机发生时，有的企业因认识上的误区，反应迟缓，听之任之；有的企业因错误的指导思想，认为谣言会"不攻自破"，消极回避；有的企业因存在侥幸心理，认为网民"热炒一段时间就过去了"，不理不睬；有的企业因应急管理机制不健全，不懂得舆情应对方法，陷入危机漩涡。陈旧的舆情理念和媒体素养，早已不能适应信息时代企业管理。供电营销服务人员需要建立突发事件应急管理意识，了解突发事件舆情应对原则，掌握供电服务突发事件媒体应对策略，才能更好地服务于社会和电力客户。

1. 把握供电营销服务舆情工作原则

（1）及时主动，准确把握。事件发生后，第一时间发布准确、权威信息，稳定公众情绪，最大限度地避免或减少公众猜测和新闻媒体的不实报道，掌握新闻舆论的主动权。

（2）严格制度，明确职责。进一步完善新闻发布制度，加强组织协调和归口管理，严格执行新闻发言人制度。

（3）讲究方法，提高效能。在电视、报纸、网络等公共媒体出现负面舆情发生后的第一时间布置新闻发布工作。突发事件新闻发布应依托主流强势媒体，扩大影响面，同时积极引导和应用好外来媒体，各相关单位部门、全体公司成员应积极配合舆情管控领导小组工作，确保以最短的时间、最快的速度，发布最新消息，主动引导舆论，正确引导舆论。

2. 掌握供电营销服务舆情应急管理流程

（1）各公司、直属单位、部室等是突发事件的信息源，负责第一时间了解突发事件，上报突发事件舆情管控小组，并提供专业分析；搜信队（专门收集舆情工作人员组成）及时对社会主要媒体、网络论坛等公众舆论情况，开展舆情监控和信息采集，发现舆情，汇报部门负责人，负责人整理舆情情况，向突发事件舆情管控小组汇报。

（2）突发事件舆情管控小组，与发生舆情的媒体沟通，信息分析评估和进行舆情研判。针对具体事件制订舆情管控处理办法。

（3）舆情管控小组成员按照职责各司其职，掌握突发事件官方说明文件、实事真相、突发事件处理的进度，统筹汇总信息，逐级报告掌握的舆情信息。

（4）公司领导听取汇报，作出指示；上一级公司新闻部门听取汇报，作出指示；政府网监部门支持、配合处理负面网络舆情。

（5）迅速组织人员网上跟帖、发布正面引导信息，开展网上舆论管理和引导工作，及时上报、引导、封堵和删除网上不实信息。

（6）必要时，通过召开新闻发布会或提供新闻通稿等方式，组织协调新闻媒体通报。组织对相关事实真相的报道，做好视频、文字、新闻发言等正面宣传工作。在事件发生的第一时间向媒体提供正面信息，掌握舆论主动权。

（7）在舆情扩大之前完成相关工作。

（8）对舆情处理进行全面评估和总结。提出改进措施，进一步完善突发舆情应急机制。

3. 建立供电营销服务舆情应急保障机制

（1）通信与信息保障。信通公司对突发舆情处置工作提供通信保障、技术支持和相关服务，并在发生突发事件的情况下，按照公司突发事件舆情管控领导小组要求建立应急通信网络，优先保障相关通信设备和信息网络的安全畅通。

（2）人员保障。

1）舆情管控工作小组应明确所有成员及与新闻发布相关的单位、部门的通信方式，并指定新闻发言人、专门联络人，成员应逐级固定。

2）各部门、单位应结合应急管理工作需要，组织开展相关培训工作，对有关领导干部、相关部门人员、新闻发言人、内部媒体人员等进行培训，提高公司突发舆情应急处置工作水平。

3）舆情管控小组成员应加强培训，保持与主要媒体相关人员的良好沟通。

4. 善用微博

自 2009 年起，微博用户呈现狂飙式增长，其影响力也呈几何级数增长。在新媒体中，微博爆料的数量是论坛、博客的两倍。微博成为第二大舆情源头和最重要舆论场。比如，在"7·23"甬温铁路动车追尾事故中，大量消息第一时间在各大微博曝光，浙江政务微博群发挥了很大的作用，大量媒体记者也首选个人微博发布消息。国家电网公司及下属部分企业设立官方微博，不仅力图抢抓住一个全新的"话筒"，更注重与时俱进，改变供电企业传统的说话方式。

供电企业微博是监控舆情的重要渠道之一，它涉及企业各类的新闻报道和突发事件的跟踪报道；是提供电网公司优质服务、停电信息、电价政策及业扩报装等信息的网上窗口；是传播服务地方政府、服务社会、服务用户、安全保电、电网建设、企业发展等企业品牌形象的平台。

目前，部分省电力公司供电营业厅、95598 工作站等已建立企业微博，对舆情进行实时监控，随时随地与消费者进行交流互动，及时解决供电营销服务问题，疏导客户抱怨不满情绪。

✎ **案例**

客户微博抱怨停电，电企微博沟通检修

网友微博："大夏天，楼里竟然停电了，供电公司还让不让人活了！"并伴有一些嘲讽、谩骂等不文明的语言。

电企微博："对不起，因停电给您带来的不便，敬请谅解。请提供您的具体地址和联系方式，我们将马上联系施工人员上门检修。"

网友微博（20分钟后）："哎呀，真来电了，谢谢及时的维修！真解决问题啊！对不起，我刚才语言不合适，态度不好，给你们道歉了！"并送上"西瓜"与"掌声"。

电企微博："没关系，服务电力客户是我们电网员工应尽职责。"

这是一例通过企业微博与电力客户互动，成功接受客户报修并解决问题的案例。

✎ 案例

国家电网微博传递责任央企形象

2013年7月22日7时45分，甘肃岷县、漳县交界发生6.6级地震，国家电网微博及时报道抢修情况：

2013年7月22日上午，甘肃省岷县、漳县交界发生6.6级地震，地震造成岷县、漳县14066户用户停电，经过紧急抢修，截至7月22日12时，已有9240户停电用户恢复供电，占停电总户数的一半以上。

截至7月22日14时，国家电网甘肃公司电力抢修队的151人、29台车（含发电车1台），带着10台发电机已进入灾区开展救灾。目前重点开展两项工作，一是对受灾设备进行抢修，恢复供电，二是保障现场指挥部、医疗点、灾民安置点等重点部位的供电保障。

截至7月22日21时，岷县8个医疗救治点、漳县4个医疗救治点和4个灾民安置点全部实现供电。7月23日6时，经国家电网甘肃省电力公司全力抢修，已恢复了12700户用户的供电。

7月23日，人民日报刊发《震区第一夜，村子里来电了》，报道了经过国网甘肃省电力公司抢修队抢修，甘肃岷县梅川镇马家沟村22日晚21时20分恢复了供电。

案例

网上谣言疯传，电企微博辟谣

自2012年以来，国家电网公司不断陷入"电表被加速"的舆论漩涡。2013年2月20日，微博中再次传出"中国75%电表被蓄意加速"的消息，网名为@轩辕鸿鸣的微博认证网友在微博中称：中国电信电力两年违法收费50亿元国家技术监督局对17个省生产的34种电表抽检发现，75%电表都"走得快"，这条微博引起三万多次转发，五千多条评论，随后又受到@蛮子文摘、@环球人物杂志等媒体的关注，负面舆情进一步升级。

2月22日晚，国家电网公司对该消息进行辟谣，表示：国家电网公司曾多次在各种场合公开辟谣，新闻媒体也曾多次进行过调查报道，调查结果证实"电表被加速"一说纯属子虚乌有，有关"75%电表被加速"的消息纯属捏造，并发布长微博详细介绍了电表质量管理的相关细节。国家电网公司的及时发声有效阻断了负面舆情的蔓延，网民对官方辟谣普遍表示认可。

从以上成功运用微博进行媒体应对的案例中可以看出，民众是具有理解之心的，只要在第一时间将事件真相还原于民众，民众就不会过多地去指责，甚至还会站在我们的角度替我们说话，此时就达到了引导舆论方向的效果，避免了负面舆情的蔓延。

第三节　接受媒体记者采访

众所周知，记者既是冰海航船的瞭望者、公共利益的守望者。同时，记者也是专门抓公众"眼球"，让公众产生注意力，扩大自身及企业知名度和美誉度的媒体人。记者不"坏"，读者不"爱"，经常记者为了挖出更多的"料"，会提出意想不到的问题，会不失时机地把握被采访人语言中的"细枝末节"而大做文章。为防患于未然，有效应对舆情危机，电网企业管理者及工作人员需要学习和掌握接受媒体记者采访的基本问题。

⬢ 接受采访的基本原则

1. 树立良好的个人形象

接受采访时得体的着装，不仅代表个人的形象，同时也代表电网企业的形象。穿正装面对记者，使人看起来很"美"；端正挺拔的站姿、庄重沉稳的坐姿和规范标准的手势等良好的肢体语言，使人看起来更自信。发言人厚重沉稳的声音给人信赖感，声音是人的"第二张脸"。

2. 让媒体记者觉得自己很重要

使自己变成重要人物，是每个人的内心渴望。每个人都需要被赞美、被认可、被肯定，每个人都喜欢喜欢自己的人。"名字"是每个人生命中最甜美的符号，记住记者的名字，并在见面后第一时间称呼对方的"名字"。主动与记者打招呼、握手，传达热情和自信，让媒体记者觉得自己很重要。

3. 永远不说"无可奉告"

紧闭的大门并不意味着没有爆料，所有的记者都知道，"无可奉告"也是一种回答，而被报道的单位或组织，则会名声扫地。工作人员要学会说话，说出让记者无法用负面报道的话，要表达出弘扬企业正能量的语言。

4. 内容真实、把握核心观点

内容真实是接受记者采访最基本原则之一。真实就是实事求是，有一说一，严格按照客观现实思考或办事。坚持以已知事实为依据，弄清楚多少说多少，绝对不能说假话，不夸大，不缩小，把握核心观点，围绕和把握核心观点，阐述事实，充分沟通。

5. 站在对方立场表达自己的观点

也是常说的换位思考，或是同理心。如一位垂钓者在鱼钩上放置面包、蛋糕等钓饵在溪边垂钓，很久也不见鱼上钩。钓者火冒三丈，从兜里拽出一张百元大钞，气哼哼地甩入水中，道："想吃什么，自己买去！"同理，如何把料"喂"给记者，也是新闻发言人需推敲揣摩的问题。

6. 不能提供任何信息，也要充分表现出与媒体合作的态度

面对敏感问题发表些套话，也比不发表评论效果要好。不回避暂时无法回答的问题，直接告诉公众应该做什么。配合记者的提问，与媒体记者热情寒暄、礼貌应对、语言诚恳，恭敬谦和的回答问题。

7. 不指名道姓地评论他人

在媒体面前指名道姓地评论别人，不会产生好的效果，只会增加更多的怨气和反作用力，以致给企业自身带来不必要的麻烦。

8. 形象生动、直观通俗，最易为记者引用

形象生动地比喻，直观通俗的表达，不仅可以瞬间拉近彼此交往的距离，打破陌生人之间的藩篱，而且最容易被记者所引用。例如，前国家主席胡锦涛的一句口语"不折腾"成了媒体的标题，生动形象地道出了对胡作非为、大兴土木、不按科学规律发展乱作为的讥讽。媒体定义为"不折腾的智慧",朗朗上口,平实真诚,易于传诵。

二 应对记者提问陷阱

讲话如战场,形势瞬息万变。不经意间你可能就发现自己已经被问到一个将自己陷入困境的问题里面。下面介绍一些专业的应对提问陷阱的方式。

1. 假定式提问(带有倾向性的问题)

问:"假如有人揭发,你们用电检查部门在罚款这方面有违法行为,你们会采取什么方法来制止这种行为呢?"

这时,你只能坚持那些众所周知的既有事情,而不要认同那些可能会发生的事情,即使只是猜测也不行。

答:"关于这件事情,我不同意您的这种假设,事实上……"不要通过尽量忽略他的办法去否认这种假设。相反,此时要坚定地向这种问法挑战。当然,不要有失礼貌。然后继续回到你的主题中。

2. 先入为主的问题(带有倾向性的问题)

问:"有老百姓反映你们供电公司有电霸作风……"

答:"供电公司是中央直属的服务型企业,它是按照国家有关的法规和政策来工作的。同时,它也是一个服务窗口,社会各界的眼睛都在盯着它,对它要求较高,是可以理解的。欢迎大家监督和批评。我相信这些监督和批评一定会推进我们供电营销服务的。"

3. 个人观点

问:"你对这件事件怎么看待?"

答:"我个人并不相信这件事情,事情是……"尽量将个人观点排除在外。

4. 不知道答案的问题

问:"今年你们电网的投资多少?"

答："我不想随便地回答你一个不准确的信息，我希望告诉你准确的信息。"

5. 知道答案但是不能回答的问题

问："你们供电公司每年营业收入是多少？"

答："我现在不方便说，因为目前还在统计中。"

应对策略：给出你不能回答的理由。

6. 二选一式提问

问："就目前的供电形势，你们打算继续增加电网建设投入，还是维持原有水平？"

答："我们的目标是向客户提供最优质的服务。"

应对策略：忽略两个选项。继续你的论述或回到主题。

7. 强迫性选择

问："你们供电公司现在面临的最大问题是什么，是供电能力下降，还是员工素质低下？"

应对策略：千万不要错误地在记者提出的备选项中进行选择。

8. 压迫式提问

问："……那么为什么不公开你们的计划呢？"

答："我们前面已经提到，这项计划刚刚出台，正准备向外界公布，我们会在一个合适的事件向外界公布。因此，与此相关的所有问题，也无需再问。"

应对策略：礼貌地向提问者发出一个非常肯定的信号——你将不会回答这个问题。重申你的话题。

9. 谣言

问："最近有一些传言，说你们电表走得很快，多收了不少用户的钱……"

应对策略：回答谣言是不合适的。

答："我看不到这个谣言有什么可以相信的地方。"

10. 含糊不清的提问

问："告诉我你们公司的情况。"

应对策略：要求解释清楚，或将问题集中于一点。

答："你具体想了解哪些问题呢？"

11. 同时提出多个问题

问："这些变化将会带来什么影响……你仍是否能够继续……你们是否将不得不……"

应对策略：选择最容易的一个问题回答，将会有助于抓住要点。不必立即回答所有问题。

答："我先回答第一个问题，这些变化将使我们提高效率，从而对公众更加负责。至于后面的问题……"

⬡ 应答记者提问的 ABC 模式

新闻发言人在构思和组织应对记者提问的回答时，还可用另外一种方法来帮助自己理清思路，即 ABC 模式。

ABC 模式是指回答（Answer）问题，过渡（Bridge）到你的某个关键信息点，并列举事实，最后是将结论（Conclude）建立在事实的基础上的模式。当你使用 ABC 模式来构思你的答案时，首先是要及时回答记者的问题，先对记者的提问做出简要的、中性的回答。ABC 模式的关键是 B，即过渡（Bridge），在回答了记者的问题后，不要急于针对此问题而开展长篇的论述，而是要想方设法把问题过渡到你要表达的关键信息上，因为这才是你想说的重点。在完全了前两个步骤后，不要忘了自己主动给整个回答下个结论，这个结论是建立在前面大量的事实表述的基础上，结尾要有代表性和总括性，最好能给对方留下深刻印象。

✎ **案例**

商务部发言人关于中国贸易顺差的回答

2007年6月13日，商务部召开例行新闻发布会，其间一位记者问："中国5月的贸易顺差达到了224.5亿美元，商务部对这个数字有没有一些分析。这是否说明今年中国的贸易顺差还是处于一个高位的状况？"这个问题当时是境外媒体正在热炒的焦点，中国的贸易顺差成为一些国家限制中国出口商品的借口，商务部发言人在回答这个敏感问题时采取的就是ABC模式。他作出了如下回答。

（回答）我想有很多记者都非常关心海关总署11号发布的有关外贸的统计数据。今年1~5月，我国进出口贸易总额达到8013.4亿美元，比去年同期增长了23.7%。其中5月份当月进出口总额达到了1656亿美元，顺差224.5亿美元。

（过渡）在此，我愿意再重申一下我们对顺差的看法：由于经济发展阶段和国际分工不同，各个国家在对外贸易中出现顺差或者逆差，都是可能的。这两年，中国的外贸顺差有一定的增长，但是中方从来不刻意追求贸易顺差，我们的政策是力争实现国际收支的基本平衡。

贸易顺差在中国出现有一定的客观必然性，一方面，这是国际产业转移的结果，国际上大量的制造业产能向中国转移，在扩大中国出口的同时，也提高了中国进口替代水平。同时，由于国际经济继续保持稳定的增长，中国产品的国际竞争力也有所增强，自然会实现一定程度的正常增长。而一些西方国家对中国实行高技术出口管制，又限制了中国扩大进口。

（结论）即使在这种情况下，我们也依然希望采取宏观调控的措施，平衡贸易，尽可能实现国际收支平衡。所以我们采取了很多措施来优化进口的结构、扩大消费、缓解贸易顺差的过快增长，努力地保持外贸平衡发展。我们也希望有关国家能够取消对中国高技术出口设置的不合理障碍。

第五章
供电营销服务渠道突发事件应急处理

供电营销服务突发事件，是指在供电营业厅、95598 供电服务热线、网上营业厅、客户现场、银行及其他代办机构五个服务渠道中发生的产生一定影响的供电服务事故和供电服务事件。例如，客户在供电营业厅突发疾病、供电营业厅缴费高峰秩序混乱、难缠客户（醉酒）扰乱、特殊身份客户（政协委员、人大代表、警察、律师、意见领袖、行风监督员等）来访；现场服务人员遭围堵、查窃电人员遭阻挠；95598服务支撑系统中断、营销信息系统中断；供电营业厅发生盗抢、地震、火灾、水灾等突发事件。本章主要从供电营业厅、客户现场和 95598 服务热线三个服务渠道讲述突发事件应急处理。

第一节　供电营业厅突发事件应急处理

面对供电营业厅内的各种突发事件，只有全面掌握应急处理的基本流程和注意事项，正确应对、妥善处理，不断提高突发事件风险防范能力和处置能力，确保将突发事件造成的影响和损失降到最低程度，才能切实维护电力客户的根本利益和供电企业的企业形象。

一 工作人员面对媒体记者采访的应急处理

当供电企业发生突发事件、服务质量事件和投诉事件时，很容易引起媒体的兴趣，一些客户也会带领媒体前来明访或者暗访。供电营业厅人员在没有经过特殊训练时，在介绍供电企业政策、方针、规划时，难免带有片面性。因此，供电营业厅主管在没有经过训练，或者没有上级授权的情况下，一般不应该接受媒体采访，而应将此类采访请求转给上级处理。如果有任何媒体电话采访，也应及时迅速报告给上级领导。

✎ 案例

记者突访营业厅，推搡扯拽真心惊

2012年5月的一天，两位携带摄像机的记者进入某供电营业厅，开始对着客户和工作人员拍摄。记者采访工作人员："为什么客户平时300多元的电费变成3000多元，而大厅工作人员却把这种'不正常突增'说成是'正常'的？"工作人员回答："我们收费是根据抄表员提供的电费数据收取的，其他情况我不清楚！"

这时，正在大厅帮忙引导的营业主管发现异常情况，赶到后，快速用手掌遮挡住摄像镜头，并告知记者，供电营业厅不允许录像。记者回答："我们只是想了解一下情况！"营业主管边强调录像影响工作人员工作，边制止录制人员的拍摄，与记者发生了争吵和扯拽。接着，两名保安人员赶到，拽住了摄像人员的胳膊，要求记者停止拍摄。眼看事态就要扩大，身穿便装的客户主任赶来，向记者致歉后，请记者至办公室商谈。剑拔弩张的情势暂时缓解了下来。

经调查了解，记者反映的情况的确属实，系抄表员抄表时误将335.2元写成了3352元，也就是在抄写数字时点错了小数点，造成了不该有的"媒体采访"误会。事后，抄表员因工作疏忽，向客户表示真诚道歉。

案例分析

（1）根据国家电网公司相关规定，任何部门和个人不得擅自对外发布信息，不得随意接受记者采访。上述案例中的工作人员没有遵守规定，随意对事情发表自己看法，是违反相关规定的。

（2）供电营业厅工作人员遇有带着摄像机的记者，不能直接上去用手遮挡镜头，也不能态度生硬地直接拒绝采访或者索要他们的证件，这些做法欠专业，只会恶化媒体和公司的关系，造成负面影响。

（3）从工作人员随意接受采访、营业主管上前遮挡镜头、保安人员的随意扯拽记者等行为来看，个别地区的部分供电营销服务人员，媒体应对方面的知识还相对缺乏，对国家电网相关制度掌握也不够全面，供电营业厅管理方面知识也相对薄弱。

建议流程

（1）服务人员面对采访时，应保持镇定和自控，并友好热情地接待。

（2）服务人员当看到记者时，应迅速引导记者离开营业场所。为避免影响各项工作的正常运行，服务人员应礼貌地将记者引导至洽谈室，主动示座，热情奉茶，并立即报告供电营业厅主管。

（3）供电营业厅主管应向记者探明来意，决定是否上报公司舆情应对部门。应确认记者身份，查看记者证，弄清楚记者的单位和所属部门。记下记者的采访目的、新闻标题、采访内容等，并判断是否需要立即上报有关部门接洽，必要时，立即向上级领导汇报和请示，不随意接受采访，不随意回答问题。

（4）当记者问询有关情况时，应遵循"一口对外"的信息发布制。可告知"您好，我公司有相关部门（办公室或外联部等）来处理您的需求，我们已通知，请您稍候。"

（5）如果相关部门同意采访，或相关部门委托供电营业厅主管解答记者问题，应尽力配合记者，实事求是，答疑解惑。对可能引发的媒体报道及时沟通和协调。并做好紧急情况记录工作。

注意事项

（1）当政府相关机构、新闻媒体、社会团体等来访时，不随意接受采访。礼貌坚决地拒绝记者摄像、拍照和现场采访客户及员工。

（2）不要向记者做出任何承诺。在没有得到领导、媒体负责部门的指示和帮助之前，不要推测和回答记者的任何问题。

（3）在没有查明事件的事实之前，不要假定记者获得的信息是正确的。在获悉真相之前，不要假定公司就是导致事件的发源地。不要让员工或客户议论该事件。

二 客户在供电营业厅突发疾病的应急处理

供电营业厅是客户与供电企业进行业务交互的重要场所，也是交互频次最多的场所，因此常出现各种突发事件。其中，客户在供电营业厅突发疾病的应急处理应当引起足够重视，此种情况一旦得不到有效处理，将可能引发不必要的民事纠纷。

案例

客户突发疾病，处置不当险丧命

2011 年 7 月末的一个炎热下午，某供电营业厅缴纳电费的客户很多，但缴费秩序井然，供电营业厅的收费工作正在有条不紊地进行着。这时，一位约 40 岁左右的中年妇女突然晕倒在缴费窗口前 10 米左右处。该女士晕倒后，一些客户迅速闪到一旁，另一些客户围拢过去。此时保安及服务人员也发现了此情况，但却未上前了解情况，而是赶忙给供电营业厅主管打电话汇报此事，由于主管不在现场，不能确定晕倒客户的具体情况，因此不能电话遥控指挥，只是告诉服务人员，维护好现场秩序，等她回来之后再处理。

为了维护好现场的秩序，服务人员会同保安将晕倒的客户抬离了缴费区，放置到客户休息区的沙发上，等待着主管的到来。

10 分钟后，供电营业厅主管回到营业厅后，观察了一下客户的意识，发现客户的心跳非常微弱，随即拨打"120"进行紧急求助，5 分钟后医护人员赶到现场将病人送往医院急救，主管也陪同到了医院，经医生诊断为心脏病突发，经过 1 个小时的抢救后，病人转危为安。事后主治医生告诉主管，再晚到 5 分钟，该病人就可能身亡了。病人清醒后，医院要求结算抢救费用，可是病人发现自己的包不在身边，便问主管是否看到她的手提包，主管告知送她到救护车上时没有看到她的手提包，并马上打电话询问供电营业厅人员是否看到晕倒客户的手提包，供电营业厅人员均表示未看到。无奈下病人与家属进行了联系，随后家属到来将病人的医疗费进行了结算，并向供电营业厅主管表示了感谢。

次日，晕倒的客户再次来到了供电营业厅，主管热情地接待了她，但是该客户却很冷淡地告知主管，要求供电公司赔偿其名牌手提包及包内的 8000 元现金。主管此时愕然了，随后马上反应到可以调取监控录像以查清手提包的去向。通过观看录像发现，该客户的手提包被一名男客户拾取并带走，随后主管向"110"进行了报警，并撇清了客户财物丢失与供电营业厅的关系。

案例分析

（1）该供电营业厅未建立相应的突发事件应急预案。事发后服务人员不知道自己该如何处理，只能被动等待主管处理，从而延长了处理时间，由主动变为了被动。

（2）供电营业厅服务人员在不知客户病情的情况下，随意搬动客户的身体，容易因操作不当而加剧客户的病情。

（3）供电营业厅服务人员无紧急救护的经验，也未经过紧急救护的培训，因此在现场表现出了不知所措的现象。

（4）现场处理时，供电营业厅服务人员忘记一同处理客户随身携带的物品，导致客户的手提包丢失。

建议流程

（1）当供电营业厅发生客户晕倒时，不得随意搬动病人身体，发现人观察了解客户的病状，如情况危急，则立即联系拨打"120"请求紧急救护。同时，派人向营业厅主管汇报。

（2）当客户出现停止呼吸或脉搏时，应帮助客户进行心肺复苏急救。如客户意识尚清晰，经询问如有心脏病史，应马上协助客户服用心脏病药。

（3）安保人员及其他工作人员维护秩序，疏散围观人员，建立紧急救护通道，等待急救人员前来救护。在医务救助人员赶到后，协助医疗救治。

（4）在进行紧急救护的同时查找并联络客户家属或单位，告知客户目前的病状，并保持与其联络。

（5）管护好病人手提包、钱包等随身携带物品，防止遗失。

（6）保存监控录像资料，以备日后查证。

▼ 注意事项

（1）不随意搬动病人身体，保持病人所在区域的通风。如了解客户有心脏病史，协助客户服用心脏病药。

（2）不确定病因的情况下，不可给病人乱用内服药。如客户有轻微磕碰破损外伤，可使用营业厅备用急救箱及药品。

（3）维护供电营业厅正常秩序，保证其他客户服务质量。阻止其他客户围观，安排好紧急救护通道。

（4）保存监控视频资料，备用。

三 供电营业厅缴费高峰秩序混乱的应急处理

虽然目前拓展了多种缴费渠道，但是由于人们的固有习惯和抄表、核算、电费发行的特定原因等，依然造成大多数客户前往供电营业厅缴费。在缴费高峰期间，供电营业厅往往人满为患，经常排成蜿蜒曲折的长龙队伍。由于排队时间过长，客户极易产生烦躁、焦虑情绪，引发客户牢骚、抱怨和不满，进而导致争吵或过激行为，甚至出现纠纷。如何规避人满为患现象、平息客户不满情绪是各供电公司面临的难题。为了避免供电营业厅在缴费高峰时出现秩序混乱的情况，各供电公司应建立相应的应对流程，以达到缴费高峰秩序井然的局面。

供电营业厅形成缴费高峰的原因主要包括：一是电费代收机构与供电公司数据传输线路连接出现故障，导致银行不能正常收取电费，迫使客户到营业厅缴费；二是大客户电费月末集中发行，形成了缴费和开具发票的集中；三是客户个人习惯月末缴费；四是催费后形成的集中缴费；五是未能很好地开展多渠道缴费方式。

✎ 案例

缴费高峰秩序乱，保安不逊客户怨

2011 年 8 月 29 日，某供电公司供电营业厅前来缴费的客户络绎不绝，供电营业厅内人头攒动，客户抱怨的声音也不绝于耳，有的抱怨为什么这么多人排队，收费窗口却仅开了 4 个；有的询问什么时候才能交上费；有的抱怨这得耽误多少事，周围的客户也在附和着。供电营业厅内嘈杂的声音越来越大，已经严重干扰了正常工作秩序。这时保安人员来到人群中，大声喊道："大家都静静，别吵吵，都已经影响办公了。"此话一出，缴费的客户不但没有降低音量，反而用更大的音量七嘴八舌地指责保安说："我们从银行那边过来，银行收不了费。你们规定的开发票必须得到月末才能开，你当我们愿意啊，你们就不能开展网上缴费业务吗？你们多开些窗口，我们交完费不就走了吗，人少了声音不就小了，这能怨我们吗？这是你们服务不到位引起的，你们还指责我们。"

听到这些指责，该保安强硬地说："这些跟我没有关系，我只是维护秩序的，有问题你到上层反映去，别跟我说这些没用的。"此话一出，立即引起了客户的不满，一些客户手指着保安说："你说的这是什么话，你们这是服务吗？我看你就是欠揍。"周围一些男性客户附和着说："揍他、揍他。"眼看着事件就要升级，此时，供电营业厅主管发现情况不妙，马上跑到事发区安抚客户，同时推走了该保安。经过主管的努力劝说，愤怒的客户终于平静了。随后主管告诉客户："马上再开一个窗口，大家不要着急，一定会让大家快速缴完费的。"一场危机在供电营业厅主管的努力下终于化解了。

案例分析

（1）未事先针对缴费高峰做相应的处理预案，因此当出现秩序混乱时，缺乏有效的处理措施，致使客户不满情绪加重。

（2）供电营业厅主管当日工作安排不妥，当发现人满为患时，应尽快增加收费窗口，提高客户缴费速度，减少等待的时间。

（3）在缴费高峰期，应设接待人员，随时观察客户的情绪，及时安抚客户。

（4）保安人员缺乏应有的服务培训，没有掌握沟通技巧，缺乏应急处理意识，是本案例中引发客户愤怒的一个重要的点。

（5）供电营业厅主管反应不够迅速，未能及时了解人满为患的原因，并且在客户情绪已经发生变化的时候，未能及时出面处理客户的焦躁的心情，从而间接激化了矛盾。

建议流程

（1）供电营业厅主管及其他服务人员应关注客户的情绪，及时进行情绪安抚。对于特殊客户群体（高龄、残疾、行动不便等客户）应搀扶倒水，留下联系方式，尽量采取上门服务方式。

（2）开启备用收费柜台，引导客户分流，第一时间安排其他工作人员增开收费柜台，并做好沟通解释工作。

（3）接待人员引导客户到自助缴费终端机（有该设备的情况下）、附近的其他银行网点及介绍电费充值卡缴费，分流排队人群。

（4）当秩序出现混乱时，秩序维护人员进行秩序维护，并向客户鞠躬致歉，平息怒气，解释出现缴费高峰原因。帮忙取得排号顺序，请到休息座椅处等待。

（5）供电营业厅人手不够不能增加收费窗口时，向上级领导汇报情况，请求支援。

注意事项

（1）服务人员应提前上岗对营业厅内的设备设施进行检查，尤其是对排队叫号机系统的检查，避免因排队叫号系统的故障引起营业厅缴费秩序混乱。

（2）供电营业厅主管安排服务人员协助保安人员进行秩序维护。避免因服务人员安排的不合理出现业务办理时间过长的情况。

（3）服务人员均应态度友好、面容和善、准确高效地为客户进行服务，避免出现因个人服务问题成为加剧混乱的导火索。

四 供电营业厅遇醉酒客户滋事事件应急处理

醉酒客户的破坏性较大，轻则行为失态，大吵大闹，重则危及客户自身及其他客户的人身安全，客户醉酒后不当的行为也可能危及供电营业厅设备设施安全或酿成更大的事故。

案例

真情感动醉酒客户，爱心化解服务危机

2011年8月8日下午2点左右，某供电营业厅的工作人员正在紧张有序地忙碌着，一名中年男子气势汹汹地闯了进来，大声嚷道："要钱不上门收，还要我们亲自给你们送，要你们这帮人干啥？还真成了电老虎了，今天我就摸摸老虎屁股看看！"

业务主管乔玲一看这人满脸通红，浑身酒气，赶忙起身离开工作台，迎上前去，和颜悦色地询问缘由。这人显然是喝醉了，他在乔玲的搀扶下，踉踉跄跄地来到休息室坐下。乔玲从饮水机里给他倒了杯水，

让他喝口水慢慢说。俗话说"醉酒不醉心"，面对这么周到热情的服务，这名中年男子也不好意思再发脾气了，他嘟嘟囔囔地说道："上门给你们送钱还得排队，我不交了，你们去我家取去吧!"乔玲明白了事情的大概，看他醉得这样实在无法排队，便耐心地问明他的交费号，又安排保安人员帮忙从自助缴费机上替他垫上了电费，并把电费单据交到了他手里，然后给他倒了杯水说："您先喝口水凉快凉快，解解酒，我再慢慢给您讲交费的问题。"也许是酒喝得太多了，也许是气消了，一会儿工夫，竟然歪在休息椅上睡着了。乔玲怕他在空调室里着凉，轻轻为他盖好了衣服。

约一个小时后，中年男子醒来了，他对自己刚才的酒后失态感到不好意思，连忙对乔玲说："我还有事先走了，到明天我给你们拿钱来。"

8月9日早晨一上班，这位中年男子就走进供电营业厅，手里攥着百余元钱对业务主办乔玲真诚地说道："昨天我喝多了酒，又加上心情不好，不该冲大家发脾气，这全是我的错，真是太对不住大家了，在这里我给大家道歉，钱我也给你们带来了。"

案例分析

本案中，业务主管用真情的服务感动了醉酒的客户，化解了一次服务危机，并赢得了客户尊重。

（1）遇到醉酒的客户，业务主管没有选择观望，而是选择了主动迎接，接纳客户的醉酒行为，并从关心的角度将客户扶至休息室，将客户安顿好。体现出了危机情况下的积极应对意识。

（2）业务主管在处理客户醉酒缴费时，始终保持着耐心，没有表现出一丝的反感，更像是照顾自己的一个朋友一样，送水盖衣服。体现出了作为服务人员的一种宽容的心态。

（3）当观察到客户心中有怨气，将供电企业作为发泄口时，该业务主管没有阻挡客户发泄，而是选择了替客户先行垫付电费，从而使客户感到了愧疚，也就不好意思继续滋事了。体现出作为服务人员的一种换位思考的服务意识。

建议流程

醉酒客户酒后行为千姿百态，上述案例中的醉酒客户相对还能理智些。在服务中不乏也会遇到醉酒后丧失了理智的客户，此时他们会变得极端疯狂，一旦在营业厅中遇到这样的醉酒滋事客户，应考虑运用以下处理流程进行处理。

（1）接待人员发现醉酒客户扰乱营业厅营业秩序时，第一时间报告营业厅负责人。

（2）供电营业厅负责人或保安人员前去劝阻，并请醉酒客户到休息区休息或隔离。

（3）如果醉酒客户不听劝阻，持续扰乱营业秩序，主管应向上级领导汇报，并拨打"110"报警。

（4）警方到达现场后，营业厅负责人向警方说明情况。

（5）保留好录像资料，防止醉酒客户后续闹事。

注意事项

（1）保持冷静，沉着应对。处理醉酒客户闹事时，处理人员头脑应保持冷静，根据醉酒客人不同的种类及特征，分别处理。对轻的醉客，应适时劝导，安置其家休息。对重醉无理智的客户，由保安人员将其制服或报警，以免扰乱其他客户或伤害营业厅服务人员。

（2）在处理醉酒客户闹事时，应注意保护好客户的物品，以免事后出现纠纷，女性服务人员在处理时还应注意醉酒客户出手伤人。

五　供电营业厅发生盗抢事件的应急处理

供电营业厅是客户与供电公司进行电能交易的重要场所，据了解，在电费缴费高峰期将会有大量现金滞留在供电营业厅，可能被盗贼劫匪所关注，发生盗窃和抢劫事件。每天营业结束后，业务人员携带大量营业收入（现金）去银行送款途中，也可能遭遇劫匪抢劫事件。在供电营业厅或去银行送款途中，如果防盗抢安全措施不完善，将会埋下不安全的隐患。为了预防出现盗抢事件，各级供电营业厅应制定《供电营业厅发生盗抢事件应急预案》，做好安全防范的组织措施和技术措施，做好服务人员应急培训及演练，具备出现盗抢事件时的应急处理能力。

案例

供电营业厅设施欠缺，歹徒抢劫 10 万营业款

2011 年 1 月 16 日下午，某市公安分局向社会通报：备受关注的某市"1·14"特大抢劫案成功告破，两名犯罪嫌疑人在逃离作案现场后不到 27 小时便被警方抓获。

据该公安分局局长介绍，1 月 14 日 16 时 42 分左右，两名手持尖刀的男子冲进一个供电营业厅。他们击碎柜台上的横隔玻璃，跳进工作台，持刀控制了 3 名营业员，并迅速将当天的营业款搜掠一空，随后乘坐一辆红色两轮摩托车逃离了作案现场。整个抢劫作案过程仅用了 1 分 48 秒。

接到报案后，该市公安分局立即启动了紧急侦查措施，分局领导率相关警种火速赶抵事发地，分头展开案侦工作。某市供电公司领导及相关工作人员也迅速赶到现场，积极配合警方破案。

经对案发现场清理核实发现，犯罪嫌疑人共抢走了逾 10 万元的营业收入现金，但没有人员伤亡。

经过警方的连续协同作战，案情很快清晰了。1月15日1时许，警方发现了犯罪嫌疑人逃离作案现场时乘坐过的红色摩托车。通过技术手段和大量调查走访，警方在当日11时锁定了犯罪嫌疑人之一的王某。随后，警方侦知了与王某时常在一起的青年男子罗某，经过比对，其与案发现场的一名戴头盔的犯罪嫌疑人体貌特征十分相似。在某市公安局的周密部署下，20时20分左右，案件侦查组成功抓获了王某、罗某，当场起获大部分赃款。1月16日凌晨1时20分，王某、罗某被押解回到了某市公安分局。

案例分析

（1）供电营业厅的防盗抢设施安装不到位。从抢匪可以轻易击碎柜台上的横隔玻璃来看，说明该供电营业厅收费室的隔断玻璃非专业的防弹（复合）玻璃，为抢匪抢劫提供了一定的便利条件。

（2）营业资金存放位置不妥当。从抢匪能够在1分48秒内完成从敲碎横隔玻璃进入工作台抢走10万余元并从容逃离的抢劫过程中看，该供电营业厅的资金放置存在了很大的问题。如果资金存放在保险柜中，在那种受到威胁而紧张的状况下，收费工作人员是不可能在几十秒内打开保险柜的，而稍微懂得点常识的收费人员也知道，每拖延1分钟，就会大大增加抓捕抢匪的机会，因此收费工作人员主观上是不可能缩短开保险柜的时间的。从以上情况分析，该供电营业厅的营业资金很可能放置在明面上。从而为抢匪能够顺利抢到钱提供了便利条件。

（3）安保人员没有发挥作用。从1分48秒抢劫成功的现象看，该供电营业厅的保安人员形同虚设（也可能未配备安保人员），未起到应有的安保作用。B级及以上供电营业厅应设置1名安保人员。

（4）供电营业厅未安装与"110"联网报警系统。从整个事件中分析看，短时间内抢劫成功，且是在事发后报案，说明该供电营业厅未安装与"110"联网的快速报警系统，从而为抢匪从容逃离提供了便利条件。

建议流程

供电营业厅、业务人员去银行解款途中等遭遇盗窃、抢劫事件时，立即启动应急处理程序，并按职责分工迅速组织开展应急处理工作。

（1）供电营业厅柜台人员、安保人员及供电营业厅主管在保证自己人身安全的情况下，应第一时间启动隐蔽报警系统，及时报警。同时，尽量停留在营业厅摄像镜头摄角以内，保持情绪稳定，冷静沉着，与劫匪周旋，拖延时间，设法自救及争取救援时间，并设法向上级汇报。

（2）对持有武器、枪支的劫匪，不要与其发生冲突，保持冷静应对；在确认可以制胜时，可利用防卫器械进行必要的自卫或将劫匪擒获；可以采用"示弱"的方式方法，进行心理说服，并积极配合公安机关进行救援，有效地控制和制服歹徒；现场有人受伤时，在允许的情况下应使用急救箱采取急救措施。

（3）供电营业厅主管等视现场情况，疏散营业厅内客户，保护工作人员、客户的人身安全与营业现金安全，并组织力量堵截劫匪。所有接到报警信号的人员，在保证自身安全的情况下，要立即参与制止或堵截行动。

（4）尽最大努力留意劫匪的衣着、身材、面貌特征和人数及交通工具等，以便向上级领导和公安机关汇报；盗抢案件发生后，供电营业厅人员首先要保护好现场，防止无关人员进入，避免犯罪痕迹、物证遭到破坏，劫匪遗留的物品不得触碰，并积极配合公安机关调查。

（5）应急处理小组在接到盗抢事件报告后，应立即向有关领导汇报，工作小组成员应立即赶赴现场，进行现场处置。控制事件范围，有效防止事件进一步扩大采取一切必要手段，保证人身和财产安全。

（6）保存录像资料，以备警方破案使用。在抢劫后，不得向任何新闻媒介提供任何信息。

注意事项

（1）供电营业厅应设立具有坚固墙体、防弹（复合）玻璃、金属防护栏、防撬门等设施的封闭收款柜台。

（2）供电营业厅应安装视频监控系统。正对大门应设置固定摄像头，缴费窗口上方应设置面向客户的固定摄像头，在柜台人员正前方应设置一人一点的固定摄像头，视频图像至少保存1个月，视频监控应实现专人远程监控。

（3）供电营业厅现金存放在由专人保管的保险箱（柜）内，钥匙移交时，应清点财物确认。按照财务制度的规定执行，保险箱（柜）只能存放小额现金过夜，大额现金和支票必须当天解送银行，剩余小部分资金在不能及时解送时，应妥善保管。

（4）供电营业厅应安装与"110"联网的多个红外探测器和一柜一个的紧急按钮等防盗报警装置，按钮应安装在隐蔽和方便应急处置的部位。

（5）供电营业厅配置的警棍等防卫器械需妥善保管，并放置在合适的位置。

（6）当盗抢事件发生时，应尽量冷静，不作无谓抵抗，不激怒劫匪，以确保客户和个人的人身安全为主要原则。"人的生命高于一切"，在确保自己的生命安全的前提下，再保护财产安全，及时报警，疏散客户，制服劫匪，协助破案等程序。

（7）营业人员去银行解款，根据解款数额大小必须由两人及两人以上共同完成，其中须有一名为男性。不得单人乘公交、骑自行车及电动车完成银行解款任务。

（8）供电营业厅应配备1名男性安保人员。要求身体健壮、爱岗敬业、着标准制服，应随身携带安保器材。

六 供电营业厅发生火灾事件的应急处理

供电营业厅发生火灾事故的原因多种多样，据消防部门统计，大多数的火灾是供电线路过负荷或短路引起的。因此供电营业厅在工作期间，应定期检查用电设备及供电线路，发现不满足用电安全的设备或线路，应及时更换消除火灾隐患。在新增用电设备设施时，应考虑供电线路是否满足设备设施的容量要求，当发现设备设施的容量超过供电线路的安全容量时，应进行供电线路的改造，杜绝超容使用。尤其是在冬季，供电营业厅工作人员不要将大功率取暖设施接入供电营业厅供电线路中，以防止供电线路超负荷引发火灾事故。另外，即便供电营业厅发生了火灾，也不应因慌乱而致使火灾灾情扩大，因此各级供电营业厅均应建立相关的火灾应急处理流程，以最大限度地降低火灾的破坏，保证客户和服务人员的生命安全以及电费资金安全。

案例

未防电线短路，银行营业厅"火烧连营"

2008 年 6 月 19 日 12 时许，上海市普陀区延长西路 338 号上海银行宜川支行的营业厅内突发火灾。

火灾发生时，银行工作人员先利用灭火器采取自救，后拨打"119"报警。接警后，上海公安消防部门赶赴火灾点，迅速将火势扑灭，由于扑救疏散及时，营业厅内无人员伤亡，营业现金未受损已顺利转移。

事后了解，该银行营业厅营业面积约 100 米^2，过火面积约达 30%。火灾将银行一楼营业厅的墙面熏得焦黑，大厅里弥漫着浓烈的焦糊味。受火灾影响，银行营业厅内包括监控探头、查询机等受到一定程度的损坏。火灾原因系银行营业厅东侧一多媒体查询机发生机器故障电线短路所致。

案例分析

（1）该银行营业厅火灾发生后应急处理比较得当。采取了先灭火自救，同步疏散人群转移营业资金，再拨打"119"报警的处理方法，将火灾损失降到了最低。

（2）从该银行火灾发生后看，该银行营业厅的主管人员沉着冷静，指挥得当，掌握了一定的应急处理方法，处理得有条不紊，有效地保障了人员和资金的安全。

（3）从事后找到的起火原因看，该银行营业厅在日常工作中防火意识不强，严重忽略了用电安全检查，没有严格排查火灾的隐患点，是导致此次火灾发生的直接原因。

建议流程

火灾发生时，该银行营业厅所有人员应听从指挥，各司其职，积极扑救抢险。

（1）火灾发生时，该银行营业厅人员应立即击碎破玻器，启动火灾警铃，同时边呼喊边利用附近相关的灭火设备器材扑救。切断火场电源，防止引起电气失火或火灾蔓延。

（2）查明火情，对初期火势不大的火灾要及时扑救，并保持镇定，带好消防面罩，组织人员利用灭火器扑救。

（3）疏散人群，引导客户正确自救、有序离开，疏散人员时应走消防通道，严禁使用电梯。

（4）确认火情无法控制时，拨打"119"报警，并安排该银行营业厅人员有序撤离，同时将资金安全转移，资金转移过程中要注意防止盗抢。

（5）在确保自身安全的情况下，及时转移重要物品物件到安全地带。

（6）火势无法控制时，应组织工作人员撤至安全区域，防止爆炸伤人。

（7）消防队到达现场时，及时向消防队报告火情，配合做好灭火工作。

（8）及时向上级部门、公司安全管理部门汇报灾情信息。

（9）扑救完毕后，协助相关部门查明起火原因以及火灾损失。并做好安置和事故记录，写出书面报告报上级主管部门。

（10）火灾发生后要本着"三不放过"的原则进行处理，即：原因没有查清不放过，整改措施不落实不放过，有关责任者未处理不放过。

注意事项

（1）逃生预演，畅通出口。营业厅的服务人员平时应进行应急逃生预演，掌握营业厅消防设施的使用方法及逃生时组织客户有序逃生的方法。通道出口，切不可堆放杂物或上锁，应保证畅通无阻，以便紧急时能安全迅速地通过。

（2）扑灭小火，镇静疏导。服务人员当发现火势并不大，且尚未对人造成很大威胁时，千万不要惊慌失措地乱叫乱窜，应保持镇定、分工负责、疏导客户，并充分利用消防设施奋力控制、扑灭小火，以防酿成大灾。

（3）简易防护，蒙鼻匍匐。逃生时经过充满烟雾的路线，可采用毛巾、口罩蒙鼻，匍匐撤离的办法。或者向头部、身上浇冷水或用湿毛巾、湿棉被、湿毯子将头、身裹好再冲出去，防止烟雾中毒、窒息。在火场中，人的生命是最重要的。在保证人身安全的前提下，保证公共财物安全。

七 供电营业厅营销信息系统突发故障应急处理

营销信息系统是支撑营销人员工作的重要系统之一，也是支撑客户服务的重要系统，一旦营销信息系统发生故障不能正常运转，一方面会影响电网企业的正常工作效率和对外服务效率；另一方面会影响客户正常缴费，耽误客户的时间，极易引发客户不满和投诉。而营销信息系统的故障原因很多，且大多数情况属于不可控，如通信或数据使用的光缆被挖断、服务器故障等，因此，当营销信息系统故障出现时，如何进行应急处理，减少客户的不满，就显得尤为重要。

案例

供电营业厅秩序混乱，事起营销系统故障处理不当

2012 年 4 月 27 日，某供电营业厅，前来缴费办理业务的客户络绎不绝。上午 9 时 30 分左右，收费员正在紧张忙碌地收费，突然营销信息系统出现页面死机的状态，收费操作进行了一半，客户缴费的信息也不清楚是否生成，收费员焦急地等待着。而此时其他的收费员也发现了该情况，收费员判断营销信息系统发生了故障，随即向主管进行了汇报。听到收费员的汇报后，主管告诉收费员先等等，看看网络能否恢复。此时在供电营业厅内排队的客户有些着急地问："怎么不收费了，你们坐在那里干吗？"收费员马上答复说："网坏了，等等吧。"

10 分钟后，网络依然没有恢复，此时排队的客户已经有些不耐烦了，一些客户质问："网络什么时候能好，这不是耽误我们的时间吗？"收费员回答说："抱歉，我们也不知道什么时候能好，等着吧！"此话一出，供电营业厅内不满的声音逐渐多起来了。主管看到此种情况后，马上与该部门的系统维护人员取得联系，告知网络中断，影响客户缴费

和业务办理了，系统维护人员表示，已经知道网络中断的情况，目前已经与公司的信通中心联系了，信通中心答复说："公司与省公司的网络通道已经中断，具体原因不详，何时修复不确定。"随后供电营业厅主管将网络故障情况告知了客户，客户迅即反问到："那我们怎么办，我们就这等着吗，你们也太不负责，我们这不白来了，耽误了我们这么多的时间，你们赔吗？"听到这么多质问的声音，主管马上对客户进行了解释，并努力地安抚了客户的情绪。

半个小时过去了，供电营业厅内聚集的人越来越多了，已经等待半个多小时的客户终于按捺不住了，拿起电话要进行投诉，但是却发现"95598"也打不通，于是客户拨打了当地政府投诉热线，反映供电公司"95598"服务电话打不通，供电营业厅以网络中断为由不办理业务。还有的客户围着主管继续质问，还有的客户煽动着说："这就是电霸作风，他们想怎么样就怎么样。"此时供电营业厅内人声鼎沸，形势有些失控了。

主管看到此种情形，再次询问系统维护人员网络中断何时能修复，系统维护人员答复说："公司信通中心已经确定省公司与公司之间的光缆被挖断，整个公司网络都中断了，具体修复时间还是不能确定。"

随后主管召集供电营业厅所有服务人员，告知了网络故障的情况，并宣布暂停营业，向客户说明情况，留下客户的联系电话，疏散供电营业厅内的客户。经过共同努力，滞留的客户终于被劝回了。

▼ 案例分析

网络中断是各供电营业厅经常能够遇到的情况，能否有效处理，可以体现出该供电营业厅应急管理的水平。从以上案例中可以分析出该供电营业厅应急处理中存在以下问题。

（1）供电营业厅人员未及时向客户道歉，安抚客户情绪。网络中断不能服务时，应第一时间向客户道歉并说明情况，以取得客户的谅解。

（2）供电营业厅人员未及时向系统维护人员上报网络中断情况。发现网络中断时，应第一时间与系统维护人员取得联系，并了解具体情况，以便做出答复客户的准备。

（3）供电营业厅主管缺乏舆情敏锐性。月末缴费高峰，供电营业厅内人满为患，在人群聚集的情况，突发事件的处理稍有不慎极易引起群体事件和舆情事件。

（4）供电营业厅内未建立网络中断的应急处理预案，导致该事件的处理未能达到快速、高效。从处理过程中看，该供电营业厅的应急处理是毫无章法的，好在最后时刻主管果断做出的安排，才避免了事态的继续扩大。

（5）主管未及时将供电营业厅的情况上报到主管领导处。

建议流程

（1）及时告知客户故障情况，向客户表达歉意，做好客户解释安抚，维持营业秩序。

（2）收集故障信息，告知系统维护人员进行维护。

（3）根据故障处理实际情况，及时向主管领导汇报，向客户公示营业变更安排。

（4）根据故障处理实际情况，建议客户选择稍候或者留下联系方式再行联系。

（5）对于已欠费停电的客户，应帮助客户先行协调送电工作。

（6）系统故障修复后，及时联系已离去的客户。

注意事项

（1）做好解释工作及客户情绪安抚工作，避免影响营业厅正常营业秩序。

（2）如果故障不能短时消除，应做好信息披露，向客户公示营业变更安排。

（3）当等待时间较长，客户有明显的情绪变化时，应及时给客户准备些水，以表示对客户的歉意和尊重。

八 客户对供电营业厅服务人员进行人身攻击的应急处理

客户的类型多种多样，个体存在较大的差异，脾气秉性也各不相同。在服务中服务人员会遇到各种类型的客户，不能奢望每个客户都彬彬有礼，因此在服务中服务人员应学会察言观色，对于来者不善的客户应小心应对。俗语说，伸手不打笑脸人，也是服务人员应当谨记的一个服务教条。

案例

缴费插队被拒，客户疯狂报复

2009年2月19日下午3点左右，某移动营业厅里非常忙，当时有10多个人在排队交话费和办理入网手续。这时，过来一个30岁左右的男子交话费，该男子称，他有急事，要求营业员先给他办理。按照规定是不允许插队的，所以当时营业员就拒绝了该男子的要求。

遭到拒绝后，该男子就不停地辱骂女营业员，因业务繁忙，当时营业员没有理睬。随后，该男子变得更加野蛮，先用脚踢柜台，接着又拿起柜台上的公用电话到处砸，柜台和验钞机都被砸坏了。砸坏东西后，该男子想溜走，女营业员拽住了该男子，要求其赔偿。这时，该男子一边挣脱，一边威胁说："如果你不放手，我把你全家杀了。"接着该男子变得更加猖狂，用脚又把店里的两扇玻璃门踢碎。

眼看着打砸的客户即将离去，该营业员迅即堵在门口，让其理赔后再离去，此时该男子迅即揪住营业员的头发，一拳打在营业员的脸上，踹倒营业员后夺门而出快速开车逃离了现场。

事后，据该移动营业厅负责人介绍，事发后已经报警，闹事车车牌号已提供给派出所。但是车主信息与闹事人不符，案件已经搁置，警方也在持续调查。这次事件，致使营业厅损失了近万元。经诊断，营业员的鼻骨已经骨折，由于找不到闹事人，目前被打营业员的医药费还没有结算。

案例分析

营业厅服务人员被打事件，是一种不常见案例，但是其影响很严重，一是影响营业厅人员的身心健康，二是影响对外的服务形象。尤其在当今网络媒体的作用下，很容易将一个普通事件升级为恶意行炒作的媒体事件。从该案例中可以分析出该移动营业厅在应急处理中存在以下几方面的问题：

（1）该营业厅没有制订该类事件的应急处理预案。从处理过程中看，营业员没有事发时的报警意识，营业厅内其他人员熟视无睹，没有协作精神。

（2）该营业厅的安保人员缺位，营业厅内工作人员没有各司其职。

（3）该营业员缺少自我保护的意识，虽然该营业员保护公共财产的精神可嘉，但是其个人的这种处理行为不可推广，应急处理的原则是以人为本，只有在确定本人的能力与对方可以抗衡时，才可以出手制衡，否则就应当寻求公安机关帮助。

建议流程

（1）当发生服务人员被打事件时，保安员应立即上前劝止，其他营业人员及时通知供电营业厅负责人。

（2）供电营业厅负责人获悉后立即到前台现场控制场面，避免事态扩大。先与客户沟通并尽量满足客户合理的需求，当客户提出的需求超出负责人权限时，尽快按照流程上报并跟进处理。安抚服务人员情绪，如事情责任在服务人员，待服务人员情绪稳定后再进行教育和处理，以协助其提高个人服务质量，如事情责任在客户，向主管领导汇报。

（3）当事态无法控制时，在保证自身安全的情况下，保安员应将其制服。其他服务人员同时报警并上报主管领导。

（4）保持原始现场环境，以待公安机关或上级领导勘察，协助公安机关调查情况和辨认肇事者。

（5）保存录像资料。

▼ 注意事项

（1）人身攻击事件发生时，保安人员或供电营业厅负责人应快速制止，但不得形成围攻客户的情形，以防止客户继续做出无理智的冲动行为。

（2）先了解情况，不应先斥责客户为什么对服务人员进行人身攻击，待事件了解清楚后，再向客户说明对服务人员进行人身攻击的错误。

（3）当客户对服务人员进行身体接触性攻击后，不管客户是否有理，都应将客户控制住并报警，以打击对方的嚣张气焰。

九 供电营业厅发生自然灾害事件应急处理

自然灾害包括地震、洪水、飓风、风暴潮等，这些灾害来临时可以危急人的生命和财产安全。如 2007 年 3 月 4 日的辽宁地区风暴潮、2008 年 5 月 12 日的四川汶川特大地震、2008 年年初的南方地区雨雪冰冻灾害等，这些自然灾害所造成的长时间、大面积的停电，对供电服务影响是巨大的。因此，当自然灾害来临时，供电企业各级均应启动应急预案，快速应对自然灾害，减少灾害所带来的影响。而作为客户聚集的营业厅，更应提升应急处理的水平，以保证客户和工作人员的生命财产安全。

案例

地震来临心不乱，客户至上记心间

2008 年 5 月 12 日下午，中国移动四川省崇州市怀远镇移动营业厅经理唐文静和另外一名营业员正在营业厅里为客户办理业务，一阵突如其来的猛烈震动把两个女孩子吓坏了，谁也不曾料到地震来袭。唐文静努力克服住心中的恐惧，迅速将厅内的客户疏散，带领现场员工快速撤出营业厅。再回头看时，营业厅承重墙体已完全开裂，随时有垮塌的危险。

2008 年 5 月 12 日，四川绵阳市北川羌族自治县农村信用社一营业员工，在地震发生时，临危不乱，不顾个人的安危，安全转移了 580 多万元现金，还在绵阳筹办了临时办事处。

案例分析

这是两起成功应对地震灾难，避免人员伤亡和财产损失的案例，案例中的主人公都具有沉着冷静、临危不乱的基本素质，从而为紧急避嫌奠定了基础。案例中紧急疏散营业厅内客户和保护资金安全的应急处理行为，是供电营业厅在未来遇到类似情况下，首先应考虑到的一种应急处理方式。

建议流程

（1）发生水灾、地震等自然灾害时，供电营业厅负责人或其他人应第一时间拨打紧急救援电话，迅速组织人员自救，尽快疏导客户撤离至安全地带。

（2）供电营业厅负责人迅速向上级服务突发事件应急处理机构或主管领导报告灾情。

（3）供电营业厅负责人组织员工转移柜台资金、凭证、发票等到安全地方，并做好安全保卫工作。

（4）按照灾害处理实际情况，供电营业厅负责人组织员工采取相应措施，防止灾情扩大，并组织员工有序转移。

（5）供电营业厅负责人紧急调配人员，加强防卫，做好防盗、防抢工作。

（6）如供电营业厅因灾情不能正常营业，上级服务突发事件应急处理机构应及时做好相关信息披露工作，公示营业变更安排，做好客户安抚工作，消除社会影响。

（7）服务突发事件应急处理机构应采取有效措施，尽快恢复正常对外营业。

（8）保护好现场及监控录像资料。

注意事项

（1）发生地震时以有序的逃生为第一要务，情况允许时快速转移资金，地震过后派人看管营业厅现场。

（2）地震逃生时，应组织客户迅速躲至桌子等坚固办公设施下面，不可慌张地向户外跑，防止碎玻璃、屋顶上的砖瓦、广告牌等掉下来砸在身上，发生危险。

（3）将门打开，确保出口。钢筋水泥结构的房屋等，由于地震的晃动会造成门窗错位，打不开门，曾经发生有人被封闭在屋子里的事例。请将门打开，确保出口。

（4）服务人员在组织客户逃离供电营业厅及逃至户外后，应提醒客户用手或手提包等物保护好头部，提醒客户务必不要靠近水泥预制板墙、门柱等躲避，以防重物掉落下来被砸伤。

✚ 供电营业厅遇客户群体投诉事件的应急处理

通常情况下，客户群体投诉一般都是有组织的，该类投诉对供电企业的影响就像一场强台风登陆一样，事发突然，破坏力强，即使最后成功平息，往往也会被搞得焦头烂额。因此，供电企业应建立客户群体投诉的应急处理流程，以达到有效处理降低风险的目的，防止因处理不当而演化成为客户群体性事件，造成对供电企业无法挽回的影响。客户投诉处理是有一定的技巧和方法的，服务人员还应掌握客户投诉的处理技巧方面的知识。

✎ 案例

群体投诉电费增多，服务人员冷静应对

某小区 400 多客户于 2010 年 11 月更换电表，在随后的两个月内居民电量电费出现了大幅增加情况，引起了小区居民强烈不满，该小区居民认为供电企业新换表计计量不准。居民一方面向供电公司和政府相关部门进行投诉，另一方面利用媒体的力量，打电话到报纸、电视台等媒体要求采访报道，并在网络发布关于计量表计不准的帖子，同时还有居民客户聚众到当地供电营业厅反映此事。一时间在当地引起轰动，某供电公司被迫应对。

事后了解，事发当日该供电营业厅主管发现供电营业厅突然间同时

涌入几十位客户，并大声宣称要找供电公司主要领导，供电营业厅主管随即主动迎接上前去，由于人多嘈杂无法了解具体情况，于是便与几十位客户商量，如果需要解决问题的话，请派三位代表到接待室详谈，其他人请在休息区等待一下。5分钟后，三位客户代表随着营业厅主管进入接待室，服务人员迅即请其他人在休息区休息，并给每人送上了一杯茶水，局面暂时得到了控制。

经过供电营业厅主管与三位客户代表的交流，事情的眉目已经清晰了，客户最终的想法是希望将新换的表计更换为原来型号的表计，以保持原有的计量水平。但是表计的问题不是该供电营业厅的处理范围，于是供电营业厅主管在征得客户代表同意的前提下，向主管领导汇报了此事，主管领导答应在3日内答复客户，供电营业厅主管留下了三位客户代表的电话，并与三位客户代表商量，为了维护营业厅的正常营业秩序，希望三位客户代表能带头劝回其他人员。经过供电营业厅主管的努力，全体投诉的客户撤离了供电营业厅。

案例分析

客户群体投诉事件后果极为严重，容易造成负面舆情。从上述案例中分析，客户形成群体投诉事件，绝非一天两天时间形成的，在前期一定会有部分客户反映到95598供电服务热线或通过其他渠道反映，但是反映过后未得到相关部门的足够重视。当民众的问题不能得到有效答复，且越来越多民众有此类问题时，民众的同命感便会越来越强，此时一经有效组织，便会发生有组织性的群体投诉。

编者就曾经处理过一起临近居民小区高压输电线路改造引起的群体投诉，投诉的组织为小区业主委员会，由于投诉人与编者沟通时，无意间说了一句"我是专门负责向你们电力投诉的"，逐引起了编者的警觉，通过沟通了解，该投诉人还说有其他人负责向其他部门投诉。随后笔者将该事件呈报了该公司主管领导，及时化解了一起有组织性的群体投诉。事后了解，该小区业委会成员分别与小区业主结成投诉小组，向95598供电服务热线、当地市政府、当地报纸、电视台、政府网站进行投诉，同时还安排人每日与施工改造单位进行谈判。

从以上数百位客户集体投诉案例中分析看，供电营业厅主管由于能及时把控现场的局势，运用群体投诉选定代表的投诉处理方法，成功地化解了危机，将事态影响面降到最低，同时也争取到了群体投诉的处理时间和危机应对时间。

▼ 建议流程

（1）发现有群体客户投诉的情形时，接待人员应立即进行控制，将客户（人数众多时选定代表）引导至接待室，以免影响供电营业厅正常办公，做好安抚工作，并通知相关负责人。

（2）收集投诉原因，同时上报主管领导。

（3）根据客户投诉情况进行记录、解释和处理，当客户提出的需求超出营业厅负责人权限时，尽快按照流程上报并跟进处理。

（4）属于本部门职责的问题，当现场无法答复时，营业厅负责人应承诺给予客户具体答复时间或引导至上级部门接待。

（5）不属于本部门职责的问题，应执行首问负责制，协助客户解决问题，或引导至上级部门进行协调处理。

（6）对于客户出现极端行为，应立即报警并做好自我保护。

▼ 注意事项

1. 处理原则

（1）接受客户投诉。通常情况下，当客户认为自己的利益受损时，便会向该事件的主管部门或单位进行投诉，这也是客户维护自身权益的一种途径。当客户抱怨或投诉时，应先倾听客户的叙述，不要急于辩白。急于辩白只能让问题升级。而客户在投诉时往往都是从自身的角度出发来反映问题的，如果此时拒绝接受客户的投诉，便会形成争执或僵持的局面，不利于客户投诉的处理，也有可能使投诉升级。因此，在处理客户投诉时要先接受客户的抱怨或投诉不推诿，以表明处理人员愿意帮助客户处理问题，让客户感受到处理人员对其的尊重，客户在得到了尊重时，通常火气会慢慢消退下去，并变得理智。

（2）先处理客户情感，后处理客户事件，想方设法平息客户的抱怨。客户抱怨或投诉时，想要做两件事：一是想表达自己的感情；二是想解决问题。如果此时试图阻止他们发泄，抱怨就会升级为愤怒。如果将客户的情绪稳定直至理智，可以说客户的投诉基本解决一半，因为客户在理智的时候，才能静心的解决问题，并听从处理人员的意见。在客户情绪宣泄时，切忌把它看做是针对自己，此时处理人员仅仅是他们要发泄的对象。

（3）克制自己，避免感情用事，耐心倾听。在处理客户投诉时，处理人员只有耐心倾听客户的问题，才能发现其实质问题，一般客户投诉都具有发泄性，情绪不稳定，一旦处理人员与客户发生争执便会火上浇油，处理结果会适得其反。

（4）以诚相待，向客户表示同理心。处理客户投诉时，处理人员都应用真诚的心态来处理客户的问题，哪怕有一丝的敷衍，客户也会发觉，此时便会让客户感觉未受到应有的重视，因此客户便会警惕处理人员，使得客户不相信处理人员或者是供电企业，从而为客户的投诉处理增加了难度。在投诉处理中虽然处理人员并不一定同意他们抱怨或投诉的原因，但简要而真诚地对客户表示理解便会产生奇迹，使客户平静下来，进而架起处理人员与客户之间的问题处理桥梁。

（5）澄清问题。客户的抱怨往往带有自己的主观倾向，通常情况下是不会站在供电企业的角度去考虑问题的。因此，当客户将不满发泄完毕后，有必要将问题产生的原因向客户解释清楚，以免使客户将自己的主观倾向强加于供电企业身上。

（6）探讨解决方案，迅速处理。当问题得到澄清后，处理人员应积极地与客户协商问题的处理方法，并与客户达成共识，随后要快速的处理客户的问题，因为客户不是仅仅反映问题而已，是需要解决问题的。因此，快速解决客户问题才是处理问题的根本。

（7）感谢客户。客户的抱怨或投诉，间接或直接地反映出了供电企业在服务中存在的短板，有利于今后的服务改进和服务满意度的提升，因此应向客户表达谢意。

2. 具体处理措施

（1）为了避免在供电营业厅造成不良影响，应在第一时间将客户引导至接待室。

（2）根据投诉内容及时向上级领导汇报。

（3）尽量请群体投诉的客户派出代表进行沟通。

（4）如果群体投诉者在现场聚焦、集会、游行，此时群体性投诉已经演化成"群体性事件"，供电企业要在第一时间通知警方，由公安机关负责治安维护，企业应协助疏散。

第二节　95598 供电服务热线突发事件应急处理

◆ 95598 供电服务热线话务系统中断应急处理

95598 供电服务热线经过多年运行，已经成为社会众人皆知的供电服务品牌，其服务以优质、方便、规范、真诚而著称。95598 做为国家电网公司对外服务的一个重要窗口，除了担负故障报修、投诉举报、咨询查询、停电信息发布等正常职责外，还担负着对外塑造公司形象、对内实施服务管控的职责，因此 95598 服务备受公司内外的关注。随着 95598 大型呼叫中心的建立，95598 出现了话务高度集中、管理高位集中的运营模式，在这种情况下，一旦出现支撑 95598 服务运行的话务系统、客服信息流转系统、业务支持系统停摆时，95598 热线便会出现服务中断的情况，此时将会影响到对全国各个地区电力客户的供电服务，同时也会给国家电网公司带来严重的负面影响。因此，随着 95598 大型呼叫中心的建设，除了硬件建设和软件建设之外，还应当建立 95598 供电服务热线应对各种突发事件的应急预案，以完备应急管理体系，做到未雨绸缪，临危不乱。

✎ 案例

话务系统中断，应急处理"紊乱"

2012 年 6 月 28 日 16 时 30 分，某市供电公司的呼叫中心突然间此起彼伏的电话铃声消失了，呼叫工作大厅变得静悄悄，坐席员们很诧异，怎么可能没有电话呢？此时当班班长拿起手机拨打了 95598 供电服务热线，什么提示音也没有，当班班长马上意识到 95598 话务中断了，同时也发现客服信息流转系统也出现死机的状态，客服系统的页面打不开。随后该班长迅即上报到该单位的系统维护人员处。按照以往的经验，系统维护人员马上对服务器进行了检查和恢复，20 分钟后系统重新启动完毕，但是 95598 依然不能打入。到底是什么问题？系统维护人员带着疑问又重新启动了服务器，20 分钟过后 95598 依然不能打入。两次的操作都未能使系统恢复正常，于是系统维护人员马上向该单位的信通中心反馈该情况，信通中心的网络维护人员马上对总服务器与 95598 服务器之间的网络通道进行检测，发现该网络通道不通，于是信通中心派员赶赴 95598 现场以进行实地检查。此时 95598 电话已经中断 1 个小时，而在这 1 个小时内，呼叫中心的坐席员们只是静静等待。

18 时 30 分，信通中心的维护人员到达了呼叫中心的现场，对 95598 的相关运行设备进行检查，经过半个多小时的检查，确认为数据传输的光缆中断，于是信通中心安排光缆运维人员对光缆进行故障检查，同时该市级公司迅速上报到省级公司。经过1个多小时的故障排查，确认故障点位于5公里外的通信电缆井中，但是该电缆井比较特殊，与供热的管道交叉穿过，而此时是晚上的20时，已经不宜下井维修，只能等次日天明时才能维修，此时信通中心决定启用备用光缆，但是备用光缆怎么调试通道也不通，此时95598电话中断已经长达3个半小时了，坐席员们还是只能坐在那里静静等待。

在此期间，经过省公司组织协调，该市的95598电话由相邻的B市代为接听，两市呼叫中心通过内部电话进行客户信息流转，暂时缓解了客户矛盾。晚上22时，经过信通中心的努力，终于恢复了备用光缆中的4个点，接通了4部95598电话，但其他路电话依然不能使用，工单依然不能正常派发，而此时也已经过了夜间的话务高峰了。期间，该95598呼叫中心接到了该市市民投诉热线若干反映电话打不进去、故障停电无人管的投诉。次日早上6时40分，光缆中断的故障已排除，95598服务热线全线恢复正常。

案例分析

该市级呼叫中心话务中断的现象，在国家电网公司的各个呼叫中心屡见不鲜，甚至在未来的大型呼叫中心运行中，也不可能杜绝此类问题，关键是出现突发事件后如何应对，如何将影响或损失降低最低。从该市95598话务中断处理的案例中分析存在如下问题。

（1）95598服务中断处理预案不完备，致使95598话务中断了3个半小时，这是一次重大事故。

（2）系统维护人员犯了经验主义，不能及时判断出95598话务中断的内、外部原因，导致信通对故障判断和故障抢修延误了宝贵的1小时，间接导致了当日光缆中断不能在当天维修。

（3）信通中心介入后未能重视此次故障所带来的服务影响，因此未能及时形成紧急处理预案，直接导致了故障不能尽快抢修，严重影响了该供电公司的对外服务形象，惹起了客户不满，同时也折射出信通中心日常对 95598 电话通道维护的忽略。

（4）该呼叫中心未能建立完备的应急保障体系，该部门负责人未能有效协调各环节进行紧急处理，间接导致 95598 话务中断时间过长。

（5）该市级呼叫中心未能对服务中断产生的外部影响进行预判，因此未能在服务中断时与当地政府投诉热线或媒体进行沟通说明情况，将影响降到最低。

建议流程

（1）客服部当班班长发现话务系统中断后，初步判断该故障是属于电信接入侧中继线故障，还是 95598 内部话务系统故障，并及时上报技术支持部和主管领导。

（2）技术支持部接到客服部（坐席）汇报的情况后，判断并确定故障的性质，根据制定好的系统应急处理预案，组织软硬件处理人员进行处理。

（3）主管领导根据技术支持部的故障判断，决定是否启动 95598 总体应急处理预案。

（4）当决定启动 95598 总体应急处理预案后，应根据预案的处理流程，进行总体协调处理。具体协调处理时应考虑以下的内容：

1）向上级领导汇报事件的发生情况和进展情况。

2）向 95598 服务下行环节的单位告知 95598 话务中断的情况，并要求该单位向各地市媒体、政府投诉热线及投诉网站说明情况，并请媒体及政府部门帮助解释。

3）如果条件允许，上级领导应及时安排备灾的另一大型呼叫平台及时进行接听客户电话，并通过两大呼叫中心的内部联络电话进行客户信息的流转，最大限度消除客户不满。

（5）95598 服务系统恢复后，及时向服务下行环节的单位告知，并要求该单位向各地市媒体、政府投诉热线及下辖的投诉网站告知 95598 服务系统已恢复，及时消除不知情客户产生的不满。

（6）总结本次应急处理，对不完善的地方进行修改。

注意事项

随着 95598 大型呼叫中心的建设，电话服务高度集中，一旦发生话务系统中断的情况，将影响到几个省（市）或者是十几个省（市）的供电服务，影响面非常大。话务中断如果不能短时间恢复时应从以下几方面考虑应急处理。

（1）利用 95598 网站进行信息公告，并增派人员进行网上故障报修、投诉及其他业务的处理。

（2）快速启用备用 95598 呼叫平台，争取短时间内恢复客户电话的接听。

（3）建议开通 95598 官方微博，通过微博发布公告，同时接受和处理客户在微博上反映的供电问题。

95598 供电服务热线迎峰度夏应急处理

夏季是电力符负荷高增长的季节，也是自然灾害频发的季节。受夏季负荷增长和自然灾害的影响，95598 服务热线的话务量也会出现大幅增长的情况。电力负荷变化、气象变化的不确定性，给 95598 话务应对带来了较大的压力，同时也对服务质量产生了较大的考验。

迎峰度夏话务繁忙，应急启动热线通畅

2012 年 7 月 3 日 6 时 30 分左右，某省公司供电服务中心呼叫大厅内电话铃声突然多起来，瞬间电话排队量达 20 个以上，细心的值班经理发现，大量的电话来自该省的某市，随即值班经理查看了该地的天气情况，该市天气预报为早 6 时至下午 16 时将有雷电、大风、暴雨天气。值班经理随后又查看了一下全省的天气预报，发现该省大部分地区将有雷雨天气。值班经理根据电话量和天气预报的情况，果断启动了四级应急预案并及时向领导汇报。

7 时左右，备班人员陆续到位。7 时 30 分，接班人员陆续到位，此时电话排队量降到了 10 个左右。8 时左右，电话排队量再次上升到 20 多个，瞬间有达到 50 多个的情况，值班经理此时发现另一个市的电话量在急剧攀升，经过了解该市也发生了强雷电天气，受雷击影响，有 40 多条配电线路发生了跳闸。根据此情况，值班经理及时向领导做了汇报，并建议启动二级应急预案，随后领导果断启动了三级应急预案，告知下班人员延迟下班，管理人员和内训人员上岗。随后电话排队量又降到了 10 个左右。

由于预案启动及时，从早上 7 时左右到下午 3 时左右，该省供电服务中心 95598 电话排队量始终保持在 10 个以下，有效地保证了服务热线的畅通，同时也保证了对外服务质量。

案例分析

迎峰度夏期间，受雷击影响，配电线路大量跳闸的情况比比皆是，由于天气情况不确定，因此应急预案启动的准确性和及时性就不能得到有效保证，往往会出现依据天气预报做出了应急安排，但是等人员全部

到位就绪后，天气情况又发生变化，没有发生预报的那种恶劣天气，导致应急预案启动失败。综观上述案例可以看出此次话务应急处理得非常成功，具体表现为以下几点。

（1）该省供电服务中心的值班经理话务经验丰富，沉着冷静，决断果敢，启动分级预案准确。

（2）该省供电服务中心应急处理体系完备，能够根据相应的紧急程度启动分级预案，避免了人力资源的浪费。

建议流程

1. 应急判断

（1）95598客服部值班经理根据各省（市）天气预报及上报的停电信息和负荷情况，预测次日最大时段人工话务量、当日实时话务排队情况，判断预警级别。

在进行应急处理之前，95598呼叫中心应根据预测人工话务量、实际人工话务量超出排班人员接听能力的不同程度，设立预警级别，建议将话务迎峰度夏应急预警分为4级，可以以电话排队量的级差数订立应急预警级别，如：电话排队量达20~30之间，可定为四级预警；电话排队量达30~50之间，可定为三级预警；电话排队量达50~100之间，可定为二级预警；电话排队量达100以上时，可定为一级预警（以上预警定级仅供参考）。

（2）当预警级别达到三级及以上时，客服部值班经理立即向中心应急领导小组汇报相关情况及建议预案启动级别。

2. 应急启动

（1）当预警级别为四级时，由客服部值班经理启动应急预案，迅速调动现场应急资源，实施应急响应，并立即汇报应急领导小组。

（2）当预警级别达到三级及以上时，应急领导小组启动应急预案，迅速调集应急人员，并调动各方面应急资源，实施应急响应。当预警级别达到二级及以上时，应急领导小组及时向上级分管领导及专业职能部室汇报。

3. 应急人员调度

（1）四级预警（蓝色）。

1）调动现场服务人员。

2）通过运营部，调集质检、知识维护、内训师等人员进入呼入座席状态，接听客户来电。

（2）三级预警（黄色）。

1）采取四级预警（蓝色）各项应对措施。

2）班长通过电话形式通知处于休息日的一类应急坐席人员赶赴现场。

3）班长检查并记录一类应急坐席人员应急指令执行情况。

4）客服部主管通知各部室应急人员进入应急场所，行使应急期间应急场所值班经理职责。

（3）二级预警（橙色）。

1）采取三级预警（黄色）各项应对措施。

2）客服部主管通知综合部安排人员启用中心应急场所。

3）综合部安排人员检查应急场所照明、桌椅、电源等办公设施情况；综合部经理检查并记录本处人员应急指令执行情况。

4）客服部主管通知技术部安排人员启用应急坐席设备。

5）技术部主管安排人员架设应急坐席 PC、IP 话机、网络路由器、电源插座，并完成设备调试。

6）技术部主管检查并记录本部人员应急指令执行情况。

7）班长通过电话形式通知处于休息日的二类应急坐席人员赶赴现场。

8）班长检查并记录二类应急坐席人员应急指令执行情况。

（4）一级预警（红色）。

1）采取二级预警（橙色）各项应对措施。

2）通知电信运营商采取有效措施，配合限制话务量最大地区的话务峰涌。

3）有条件的情况下，调动当地供电公司青年志愿者人员。

4）客服部主管通知各部室应急人员做好当地供电公司应急预备人员的指挥、安排。

5）应急领导小组、当地供电公司营销部相关负责人检查并记录当地供电公司青年志愿者应急指令执行情况。

4. 做好后勤保障

综合部负责做好现场后勤保障，提前准备以下各类后勤保障物资：

（1）防暑降温用品：风油精、人丹、润喉片、水果、驱蚊用品。

（2）饮食保障：应急人员用餐、夜餐、饮用水。

（3）其他后勤保障，如应急人员交通保障。

▌注意事项

随着 95598 大型呼叫中心的建设，电话服务高度集中，在迎峰度夏期间，如果不能保证服务热线的畅通，将可能引发大量的客户投诉事件或者媒体事件，甚至可能出现因为长时间打不通电话导致客户无法报修而引发客户财产损失的情况，因此在迎峰度夏期间进行话务应急处理时还应注意以下几点。

（1）及时与各省沟通，告知话务压力，并对故障提出快速维修的要求，以缓解话务压力。

（2）做好媒体应对措施，保持国家电网客服中心、省、市（县）答复口径一致。

（3）做好应急处理培训和演练工作。

（4）利用 95598 网站进行信息公告，并增派人员进行网上故障报修、投诉及其他业务的处理。

（5）通过官方微博发布公告，同时接受和处理客户在微博上反映的供电问题。

第三节　现场服务及其他服务渠道突发事件应急处理

一　抢修人员现场遭围攻事件应急处理

供电抢修人员在现场被客户围攻的情况屡有发生，甚至被殴打。究其原因，一是晚间停电面积较大且停电时间较长给客户生活造成极大不便，致使客户情绪激动，当发现抢修人员到来时，通常是围上去纷纷指责供电供电为什么停电。二是抢修人员言语不当，与客户引起争执，致使多数客户不满，引起围攻甚至可能出现殴打抢修人员的情况。三是供电设施产权归属原因，当属于客户资产的供电设备设施发生故障，抢修人员不予维修时，客户便会强行要求抢修人员给予维修，此时也极易发生围攻现象。

案例

故障抢修被施"脚拳"，只因不该出口"怨言"

2013 年 1 月 2 日，天气十分寒冷，19 时 10 分许，某市水利设计院家属院一幢楼 7 户电表起火烧毁。接到 95598 呼叫中心的指令后，供电公司配电抢修人员姜某和王某二人立即驾车赶往。赶到现场后，他们发现 7 块电表已完全烧毁，一时难以恢复。按照供电抢修程序，姜某和王某二人在接到报修电话后，第一时间赶到了现场，也准确查明故障原因，隔离了故障点。但由于故障较大，他们准备向配电工区负责人报告，说明现场情况，然后由工区负责人调集合适的抢修力量前来抢修。

当时现场聚集了二三十人，现场十分嘈杂。姜某挤开人群向抢修车方向走，准备用电话向工区副主任汇报。姜某边走边嘟囔了一句："这么冷的天，我们忙得连晚饭都没吃，碰到这样的天气，真是活该！"这句话顿时引发了住户的误解，一位中年男人冲上来就拳打脚踢，边打边说："说我们挨冷活该……"后来又冲上来一名年轻人边打边说："敢骂我爹！"姜某闻到他满嘴酒气，从语言上看，可能是此人误解姜某骂他们停电活该。在此人不停谩骂的同时，姜某的两个鼻孔都已冒出鲜血。见此情景，实在看不下去的群众也上前阻止。姜某忍痛给工区副主任打了电话，报告了现场情况。

工区副主任赶到现场后，随即进行了报警，并要求警方依法惩治不法行为，同时还做了抢修人员的思想工作，希望履行职责，尽快抢修。随后，抢修人员清理现场，查清故障原因。此幢楼有4根电缆和一个动力线路，均由建设方建设，而后移交给供电公司管理，用电设施的质量和型号等不符合现在用电需求。抢修人员根据经验和专用仪器测量，迅速查出故障电缆，22时恢复了其他单元的居民用电。

次日，抢修人员分为电源组和计量组两个小组抢修7户烧表住户。鉴于原有电缆已烧损，电源组直接从公用变压器牵引来电源线。计量组也提前配齐了材料，更换完7块电表及附属设施。11时，电源通电。12时，电表以上的部分已经抢通。客户服务中心计量专业的同志现场守候，当客户产权端的进户线接通后就一一恢复通电。

事后据抢修班班长介绍，姜某性格内敛，从事故障抢修13年来，经常挨骂，从未与客户发生过冲突，但挨打还是第一次。"我们一天到晚忙得只能吃两顿饭，只想让居民快点用上电，少挨点冻。遇到这样的事确实让人寒心！"

▼ 案例分析

抢修人员被围攻的事件，在全网各供电公司时有发生，抢修人员在现场应格外注意自己的言行，避免出现无谓的人身伤害事件。本案中因在现场说了一句不该说的话，惹起了误解，酿成了人身伤害事件，从中也可以分析出在应急处理中存在的问题。

（1）该供电公司配电工区未建立该类事件的应急处理预案或应急处理办法，使得现场人员遇到该事件后不能有效处理。

（2）被打当事人在现场不注意说话的方式和言语的内容，缺少必要的沟通技巧。

（3）抢修人员姜某在被打时，另一抢修人员王某应及时报警和向主管领导汇报，但是王某却没有做出相应的举动，而是当事人在疼痛的状态下向领导进行了汇报，说明王某在紧急状态下，缺乏应有的快速反应意识，不知道如何替搭档解围。

（4）抢修人员有依仗供电公司强势地位的强势心理。

建议流程

（1）现场抢修负责人应安抚客户情绪，向客户阐明相关维修情况。

（2）控制好现场抢修人员情绪，防止抢修人员与客户产生冲突。

（3）当产生冲突时，现场抢修人员应在第一时间制止冲突并报警，然后向主管领导汇报。

（4）受到攻击的抢修人员可以进行有效防护，但不能还手，应等待警方进入现场。

（5）警方进入现场后，向警察说明冲突现场的经过，并协助警方指认带头发生冲突的客户。

（6）协助警方做好案情记录。

（7）做好善后处理工作。

（8）向主管领导汇报整个事件的情况。

注意事项

（1）不管现场客户使用什么样的不当言语，抢修人员均应控制好自己的情绪，积极地向客户解释抢修的有关问题。

（2）当客户向抢修人员进行人身攻击时，抢修人员可进行正当防卫，绝不可主动出手，避免事后警方介入时说不清楚。

（3）有条件的情况下运用手机录像功能，进行现场录像，以便向警方提供现场证据。

（4）车辆尽可能保持发动状态。

用电检查人员现场遭围攻应急处理

用电检查人员在现场进行窃电查处时，经常会遭到窃电人的围攻或殴打，究其原因，一是窃电人明知窃电违法，待用电检查人员到达现场后，急于销毁窃电证据，因此围攻用电检查人员；二是某些窃电人员有着深层次的社会背景，因此有恃无恐围攻用电检查人员阻止现场窃电查处，以达到阻止现场取证的目的。

案例

穷凶极恶黑心窃电，现场围攻检查人员

2004年10月11日，某供电公司负荷控制中心根据城区公司抄表时发现近期某公司用电存在突降突涨的异常情况，对该企业用电负荷进行了实时监控。上午10时，用电负荷突然下降，技术分析该企业此时段正在窃电。为取得现场窃电证据，用电检查人员在公安干警的配合下，组织反窃电特别行动小组，迅速出击。上午11时，反窃电行动小组驱车来到该企业门外，用电检查人员在公安干警的配合下，按照事先安排的计划，叫开紧锁的铁门，迅速奔向现场。稽查人员取证发现，刚刚经过防窃电改造的计量箱，被强行撬开直接窃电。这时该企业守候在配电房楼下的4名员工疯狂扑向检查人员，想要破坏窃电证据，见事已败露后，便开始厮打、谩骂供电稽查人员。同时该厂保安人员十余人也围攻

公安干警，致使现场公安干警和供电稽查人员衣服被撕烂、身体多处被抓伤。在长达近 4 个小时的围攻中，面对该企业人员的一次次恶意挑衅，用电检查人员均未还手冷静处理，最终用电检查人员以顽强的毅力和良好的素质，树立了供电企业形象，以正义打赢了这场惊心动魄的反窃电战役。

2002 年 8 月 2 日 21 时 10 分，某供电所在对某网吧进行例行用电检查时，发现该网吧两架电能表被人为启撬，当即通知该网吧管理人员，指出其窃电事实，并出示用电检查证件。随即，供电人员开具《违单用电通知书》，用摄像机拍下了现场全过程及网吧内用电装置：立式空调 1 架、分体式空调 3 架、电脑数 10 台以及照明、饮水机等。当检查人员拆下电能表，准备离开时，网吧业主带领几个人从楼上冲下来，对供电所人员进行围攻、谩骂，要检查人员留下电能表，立即予以送电。并威胁说："福清只有这么大，你们的家在什么地方，我们会查到的，小心你们的一家老小。"

供电所人员随即向"110"报警。警方赶到现场出示证件后，网吧一伙继续围攻、谩骂，并刁难警察，态度极其刁蛮。为了表示公正，供电所人员当场将电能表移交给警方。用电检查人员正准备离开现场时，该网吧参加围攻的其中一人将供电所负责人从车上拉了下来，说："我有一支枪，威力很大，一枪可以打死你家好多人。"最后，在警方的护送下，用电检查人员才得以离开现场。

案例分析

从以上两个案例中可以看出，用电检查人员在面对围攻时都未采取过激手段，而是采取了不还手冷静处理的方式。用电检查人员在窃电查处时是正义一方的代表，窃电人属于非正义一方，在面对正义时，窃电人是心虚的，因此在面对围攻时，只要保持冷静不与窃电人争吵对峙，并通过公安机关的帮助，通常是可以化解危机的。

▼ 建议流程

（1）义正词严地向窃电人阐明违法窃电情况。

（2）控制好现场用电检查人员的情绪，防止与窃电人产生冲突，并做好正当防卫的准备。

（3）当遭到围攻时，用电检查人员应在第一时间报警，并向主管领导汇报。

（4）当受到攻击时用电检查人员应进行有效防护，但不可以还手，等待警方进入现场。如果现场查处窃电时有警察配合，此时应由警察处理现场围攻事件。

（5）警方进入现场后，向警察说明围攻现场的经过，并协助警方指认带头发生冲突的窃电人。

（6）协助警方做好案情记录。

（7）向主管领导汇报整个事件的情况。

▼ 注意事项

（1）不管窃电人使用什么样的不当言语，用电检查人员均应控制好自己的情绪。

（2）当窃电人向用电检查人员进行人身攻击时，用电检查人员可做正当防卫，绝不可主动出手，避免事后警方介入时说不清楚。

（3）有条件的情况下运用手机录像功能，进行现场录像，以便向警方提供现场证据。

（4）用电检查人员现场查处窃电时，应保持两人以上，避免单人查处窃电，以保证出现突发事件时可以互相照应。

三 特殊身份客户突然来访事件应急处理

通常情况下，特殊身份客户（政协委员、人大代表、警察、律师、行风监督员等）到访供电公司，都应事先向供电公司发出访问函，并由供电公司安排访问路线及被访部门。特殊身份客户未经安排突然来访，一般情况下都带有明确目的性，第一种可能是供电公司的服务出现问题，影响了部分客户的利益，由特殊身份客户代表部分客户进行调查。第二种可能是特殊身份客户调查某些事情，需要供电公司协助。第三种可能是对供电公司的服务进行暗访。

✎ 案例

警察"突访"服务热线，主任敬请出示公函

2011 年 3 月 17 日上午，某市供电公司 95598 呼叫中心正在紧张忙碌的接听客户电话。在工作间外的接待大厅中，突然走进两位陌生男士，两位男士左顾右盼，呼叫中心主任发现两名男士后，随即迎上前去，询问两名男士有何事情。两名男士随即掏出工作证，表明自己是某公安分局的刑警，正在调查一起案件，需要了解一下嫌疑人的信息，此时呼叫中心主任一脸茫然。两名警察随即说："不是你们单位的人，我们是想了解社会上一个嫌疑人的信息，据了解这个嫌疑人曾经拨打过95598 供电服务热线，因此我们想了解一下嫌疑人拨打电话的情况。"原来是这样，呼叫中心主任释然了。

鉴于此种情况，该呼叫中心主任马上向两位警官说明，95598 呼叫中心可以配合调查，但是需要公安部门向供电公司发出配合调查函，并由公司主管部门向 95598 呼叫中心发出通知，95598 呼叫中心就可以协助警方并提供相应帮助。此时，两位警官说道，我们也知道没有履行程序，觉得这点小事没有必要。随后，该呼叫中心主任委婉地说："事情

也却是不大，但是客户的信息是要保密的，也希望二位警官能够理解。"此时两位警官也有些不太好意思说："行，我们马上去发函，走正常程序，到时候希望你们能提供帮助。"随后，该呼叫中心主任送走了二位警官，并向主管领导汇报了此事。

案例分析

　　该案例是特殊身份客户突然来访的典型案例，来访者通常都带有一种强势心理，不走正常流程，要求配合调查，这时需要接待处理人员冷静对待，不能因对方的身份而盲目处理。从上述案例中可以总结出应急处理一些可取的经验。

　　（1）该呼叫中心主任掌握了一定的应急处理方法和沟通技巧，使本次事件得到了圆满处理。

　　（2）该呼叫中心主任运用了先接受再处理的应对方法，首先向对方表明了愿意协助处理意愿，再告知正确办事流程，避免了对立局面的形成。

　　（3）委婉的管理了对方的期望，同时给对方留有足够回旋余地，保证了未来继续合作时不产生尴尬的情况，同时也建立了友好的关系。

建议流程

　　（1）当特殊身份客户来访表明身份时：

　　1）现场负责人或接待人员将客户迎接到接待室。

　　2）现场负责人了解客户来访的缘由。

　　3）根据客户到访的缘由做相应处理，属于本岗位或本专业正常业务范畴内的事情，可直接告知客户。涉及供电公司机密或者敏感性问题时，应向上级主管领导请示后，再做答复。客户问题超越本岗位业务范畴无法直接处理时，及时向上级主管领导汇报，根据上级主管领导的指示，告知客户事情的处理方案。

4）客户离开本部门后，向主管领导汇报。

（2）当客户未表明其特殊身份，但判断该客户可能为特殊身份客户时：

1）现场负责人或接待人员主动迎接。

2）了解客户的业务办理意向。

3）当客户问及非本部门或本岗位业务之外的问题时，委婉向客户说明该业务或事情非本部门职责，同时问明该客户的身份。

4）如果客户仍不表明身份，也无具体业务办理时，此时现场负责人或接待人员要始终陪同该客户，必要时可以请客户到接待区或客户休息区洽谈，洽谈中要把握"只谈业务不谈其他"的原则。发现客户有拍照倾向时，向客户委婉说明不得拍照。

5）如果客户有长时间不离开本部门的意向时，要委婉地进行送客，送客的话语可使用如："请问您还有其他业务（其他事情）需要办理的吗?"等语句。

6）客户离开后，根据情况向上级领导汇报。

注意事项

（1）执行首问负责制，不得推诿塞责。

（2）答复客户问题要谨慎，不随便承诺。

（3）委婉管理对方的期望。

附录 A
国家电网公司突发事件总体
应急预案 （2010 年）

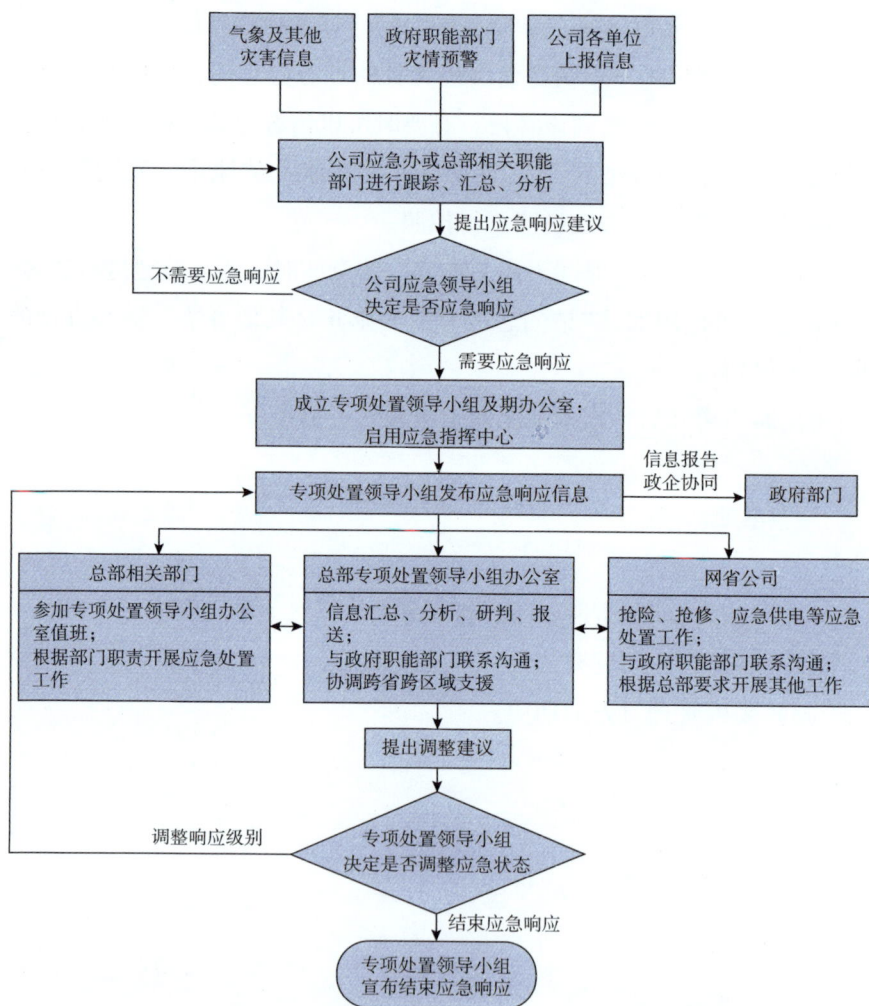

```
┌──────────┐  ┌──────────┐  ┌──────────┐
│气象及其他  │  │政府职能部门│  │公司各单位  │
│灾害信息    │  │灾情预警    │  │上报信息    │
└─────┬────┘  └─────┬────┘  └─────┬────┘
```

```
┌──────────────────────────┐
│公司应急办或总部相关职能        │
│部门进行跟踪、汇总、分析         │
└──────────────┬───────────┘
```

提出应急响应建议

不需要应急响应

```
        ◇────────────────◇
        │公司应急领导小组      │
        │决定是否应急响应      │
        ◇────────────────◇
```

需要应急响应

```
┌──────────────────────────┐
│成立专项处置领导小组及期办公室；   │
│启用应急指挥中心              │
└──────────────┬───────────┘
```

```
┌──────────────────────────┐        信息报告    ┌──────────┐
│专项处置领导小组发布应急响应信息  │  政企协同   │政府部门    │
└──────────────┬───────────┘        └──────────┘
```

总部相关部门	总部专项处置领导小组办公室	网省公司
参加专项处置领导小组办公室值班；根据部门职责开展应急处置工作	信息汇总、分析、研判、报送；与政府职能部门联系沟通；协调跨省跨区域支援	抢险、抢修、应急供电等应急处置工作；与政府职能部门联系沟通；根据总部要求开展其他工作

提出调整建议

调整响应级别

```
        ◇────────────────◇
        │专项处置领导小组      │
        │决定是否调整应急状态   │
        ◇────────────────◇
```

结束应急响应

```
    ╭──────────────────╮
    │专项处置领导小组      │
    │宣布结束应急响应      │
    ╰──────────────────╯
```

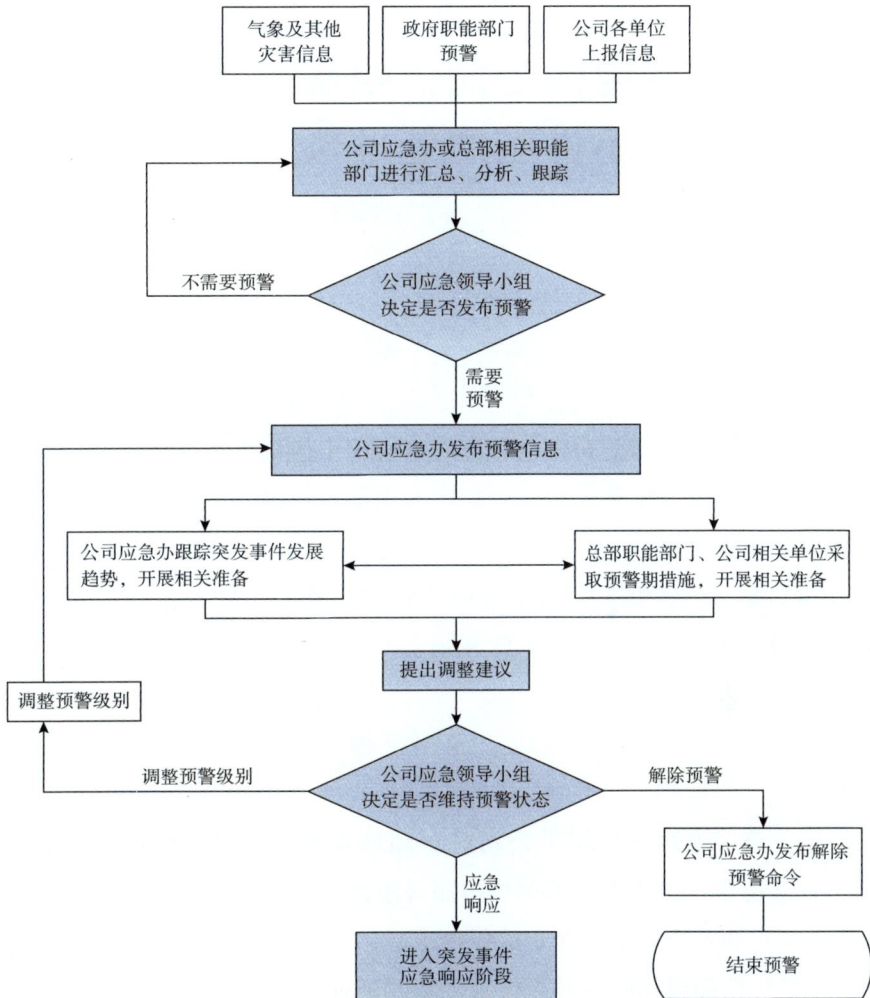

国家电网公司供电服务突发
事件应急处理预案

一、总　则

第一条　为完善公司供电服务应急管理工作机制，正确应对和妥善处理供电服务突发事件，切实维护广大用电客户的利益和公司良好服务形象，制定本预案。

第二条　供电服务突发事件应急处理工作坚持快速及时、实事求是、分级负责、注重效果的工作原则。

二、适用范围

第三条　本预案适用于公司应对和处置涉及对经济建设、人民生活、社会稳定产生重大影响的供电服务事故和事件，具体包括：

（一）涉及重点电力客户的停电事故；

（二）新闻媒体曝光并产生重要影响的停电事故；

（三）客户对供电服务集体投诉事件；

（四）新闻媒体曝光并产生重要影响的供电服务质量事件；

（五）其他严重损害国家电网公司形象的服务事件等。

第四条　供电服务突发事件按照事件的影响程度分为三类。

一类事件包括：涉及一类及以上用电客户并造成重大影响的停电事故，被中央或全国性媒体曝光并产生重要影响的停电事故，客户向网省公司集体越级投诉的供电服务事件，被中央或全国性媒体曝光并产生重要影响的供电服务事件，其他严重损害国家电网公司形象的供电服务事件等。

二类事件包括：涉及二类用电客户并造成重大影响的停电事故，被省级媒体曝光并产生重要影响的停电事故，客户向地市公司集体越级投诉的供电服务事件，被省级媒体曝光并产生重要影响的供电服务事件等。

三类事件包括：被地市媒体曝光并产生重要影响的停电事故，客户向县（市）公司集体投诉供电服务事件，被地市媒体曝光并产生重要影响的供电服务事件等。

三、组织机构及职责

第五条 国家电网公司电力市场建设和优质服务领导小组是供电服务突发事件应急处置工作的领导机构，统一领导供电服务突发事件的应急处置，对相关重大问题做出决策和部署。领导小组办公室具体负责供电服务突发事件的应对和处置工作，贯彻执行领导小组的各项决策和部署。

第六条 各网省公司、地区公司优质服务领导小组和办公室负责对本地区、本单位供电服务突发事件进行应对和处置，并将有关信息及时上报上一级领导小组办公室。

第七条 公司系统各业务部门是供电服务突发事件的信息源，负责第一时间接受、了解和汇总供电服务突发事件的有关信息，并向本单位领导小组办公室报告。

四、应急处置

第八条 当发生供电服务突发事件时，各单位要按照事件的具体情况，根据职责分工，相应启动事故处理预案、供电抢修预案等，开展紧急处置，防止事态进一步扩大，尽可能挽回或减少客户和公司的经济损失。同时要及时收集与事件相关的发生过程、事件原因、影响范围、客户损失、处理进程、社会反应、严重程度、可能后果等信息，报本单位优质服务领导小组办公室。

第九条　优质服务领导小组在接到供电服务突发事件信息报告后，应迅速分析事件的性质、影响范围、严重程度、可能后果等，并按照事件类别，在上报时限内向上一级报告事件情况。具体上报时限：

一类事件应在事件发生4小时之内上报国家电网公司优质服务领导小组办公室；

二类事件应在事件发生2小时之内上报网省公司优质服务领导小组办公室并及时报国家电网公司备案；

三类事件应在事件发生2小时之内上报地区供电公司优质服务领导小组办公室并及时报省公司备案。

第十条　供电服务突发事件发生后，有关新闻发布应急处置工作按照《国家电网公司突发事件信息报告与新闻发布应急预案》要求办理，及时向社会公布事件的真实情况，预防恶意炒作，维护公司利益和形象。

第十一条　供电服务突发事件发生后，营销、农电等部门应组织客户服务人员主动与客户沟通，听取客户意见，商议事故解决方案，做好解释工作，取得客户谅解，维护公司服务形象。

五、保障及后续

第十二条　各单位要结合供电服务应急管理工作需要，制定供电服务突发事件应急实施方案，明确应急工作相关部门的职责，制定具体措施，确保供电服务突发事件的妥善处置。确定相关单位和人员的联系方式，确保信息联络通畅，提高突发事件应急反应速度。

第十三条 供电服务突发事件应急处置结束后，领导小组办公室应组织相关部门和人员，对事件进行调查并完成调查报告，对应急处置过程中的经验、教训、暴露问题等进行全面总结和评估，研究提出对预案的修改意见和建议，进一步完善供电服务应急机制，提升供电服务工作水平。

六、附 则

第十四条 本预案由国家电网公司负责解释。

某供电公司优质服务突发
事件应急处理预案

1 总 则

1.1 编制目的

为完善某供电公司（简称公司）优质服务突发事件应急管理工作机制，加强优质服务突发事件处理的规范化、制度化建设，面对各种突发事件，正确应对、妥善处理，切实维护广大客户利益和公司形象，不断提高风险防范和处置能力，确保将突发事件造成的影响和损失降到最低。

1.2 编制依据

本预案依据《某省电力公司优质服务突发事件应急处理预案》，结合某供电公司优质服务常态运行机制及应急管理工作实际制订。

1.3 适用范围

本预案适用于某供电公司应对和处置对经济建设、人民生活、社会稳定产生重大影响的供电服务事故和事件，具体包括：

（1）电网大面积停电造成的客户停电事件；

（2）涉及重要电力用户并造成重大影响的停电事件；

（3）客户对供电服务集体投诉事件；

（4）政府部门或社会团体督办的客户投诉事件；

（5）新闻媒体曝光并产生重大影响的停电事件或供电服务质量事件；

（6）其他严重损害公司形象的服务事件等。

1.4 工作原则

1.4.1 预防为主，常备不懈。落实优质服务突发事件预防和控制措施，有效防止各类事件发生和扩大。加强培训和演练，提高各级机构和人员的应急处置能力。

1.4.2 统一指挥，分级管理。在某供电公司应急领导小组的统一领导下，通过建立系统化、分层次的应急组织、指挥体系，组织开展事件预想、预警、响应、处置、恢复以及善后等各项应急工作。

1.4.3 快速反应，协同应对。营销、运维、基建、调度、监察、新闻等部门协同应对，信息畅通，快速反应，措施有效。

2 组织机构及职责

2.1 应急组织体系

2.1.1 某供电公司、A市供电公司、B市供电公司分别成立优质服务突发事件类应急工作组，负责建立和完善优质服务突发事件应急机制，指挥应急处置工作，组长由分管营销的副总经理担任。根据事故类别和应急工作需要，按照"谁主管，谁负责"原则，在各部门设立相关的应急工作协调小组，负责各自管理范围内的应急工作。A市供电公司、B市供电公司应急组织机构接受某供电公司应急组织机构的应急决策和部署。

2.1.2 根据各类现场应急处置的需要，某供电公司、A市供电公司、B市供电公司分别组建现场处置专业小组，并在相关应急预案中予以明确。

2.1.3 公司各单位是优质服务突发事件的信息源，负责第一时间接受、了解和汇总优质服务突发事件的有关信息，并向公司优质服务突发事件类应急工作组汇报。

2.1.4 公司各单位组建相应的优质服务突发事件应急处置机构。一旦发生突发事件，在公司优质服务突发事件应急工作组的统一指挥调度下，开展应急处置工作。

2.2 优质服务突发事件类应急工作组及职责

2.3.1 某供电公司、A市供电公司、B市供电公司优质服务突发事件类应急工作组，为公司系统应急组织体系的重要组成部分，在公司应急领导小组的统一领导下开展工作。

2.3.2 优质服务突发事件类应急工作组组成。

组长：分管营销的副总经理。

成员：办公室、监察审计部（纪委办公室）、安全监察质量部、运维检修部（检修公司）、营销部（客户服务中心）、党群工作部（工会办公室）、电力调度控制中心、配电运检工区、农电公司、信息通信公司、县（市）供电公司负责人和有关人员。

职责：在公司应急领导小组的领导下，负责优质服务突发事件应急工作的日常管理。监督、检查公司本部及江阴、宜兴市供电公司优质服务突发事件应急管理工作情况、各类应急预案的准备和执行情况等；协调制订、修订各类优质服务突发事件应急预案及相关规章制度；督促开展应急培训和应急演练工作；负责贯彻应急领导小组下达的应急指令；负责指挥各类优质服务突发事件应急处置工作；负责其他应急处置协调工作；负责向上级报告优质服务突发事件处理情况。

2.3.3 根据突发事件类别和处置工作，设立电网事故类处置协调小组、设备事故类处置协调小组、用电安全及服务类处置协调小组、信访类处置协调小组、行风类处置协调小组、新闻类处置协调小组等。成员由对应部门人员组成（详见某供电公司优质服务突发事件应急组织体系名册）。

职责：组织制订相关子项应急预案，并定期组织评估和修改；及时了解和掌握相关情况，研究提出应急处置建议；传达、执行优质服务突发事件类应急工作组下达的应急指令，及时协调解决应急过程中出现的问题；参加事故调查等后期处置工作，协助新闻发布。

（1）电网事故类处置协调小组，日常设在电力调度控制中心，电力调度控制中心主任任组长。负责电网大面积停电、重要变电站或发电厂全停等各类电网事故应急处置和日常应急管理的协调工作。

（2）设备事故类处置协调小组，日常设在运维检修部（检修公司），运维检修部（检修公司）主任任组长。负责各类设备事故、自然灾害造成的电力设施受损等事故应急处置和日常应急管理的协调工作。

（3）用电安全及服务类处置协调小组，日常设在营销部（客户服务中心），营销部（客户服务中心）主任任组长。负责重要用户停电事故和供电服务突发事件发生后客户端的应急处置和客户端日常应急管理协调工作。

（4）信访类处置协调小组，日常设在办公室，办公室主任任组长。负责信访类突发事件的应急处置和日常应急管理的协调工作。

（5）行风类处置协调小组，日常设在监察审计部，监察审计部（纪委办公室）主任任组长。负责行风类突发事件的应急处置和日常应急管理的协调工作。

（6）新闻类处置协调小组，日常设在办公室，办公室主任任组长。负责新闻类突发事件的应急处置和日常应急管理的协调工作，协调接待、组织和管理媒体记者采访，协调突发事件应急处置相关新闻发布。

3 事件定义

优质服务突发事件按照事件性质分为两类：停电类突发事件和供电服务质量类突发事件。优质服务突发事件按照事件影响程度分为三级。

3.1　一级事件

（1）电网大面积停电造成的客户停电事件；

（2）涉及特级重要用户和一级重要用户并造成重大影响的停电事件；

（3）客户向国家电网公司、省公司集体投诉事件；

（4）省级及以上政府部门或社会团体督办的客户投诉事件；

（5）中央或全国性媒体曝光并产生重大影响的停电事件或供电服务质量事件。

3.2　二级事件

（1）涉及二级重要用户和临时重要用户并造成重大影响的停电事件；

（2）客户向地市公司集体投诉事件；

（3）地市政府部门或社会团体督办的客户投诉事件；

（4）省级媒体曝光并产生重大影响的停电事件或供电服务质量事件。

3.3　三级事件

（1）客户向县（市）公司集体投诉事件；

（2）县（市）政府部门或社会团体督办的客户投诉事件；

（3）地市、县（市）级曝光并产生较大影响的停电事件或供电服务质量事件。

4　术　语

4.1　电网大面积停电造成的客户停电事件

参照某电网大面积停电事件分级，发生下列情况之一，进入电网大面积停电造成的客户停电事件状态。

（1）500千伏变电站全停（不包括事故前实时运行方式为单一线路供电者）。

（2）一次事故中3个及以上220千伏变电站（含电厂升压站，不包括事故前实时运行方式为单一线路串接供电者）。

（3）因电力生产发生事故，造成地区电网减供负荷达到事故前总负荷的5%以上，或者造成某中心城区范围大面积停电，减供负荷达到事故前总负荷的10%以上，或者造成江阴市、宜兴市区减供负荷达到事故前总负荷的30%以上。

（4）因严重自然灾害或其他原因引起电力设施大范围破坏，造成电网大面积停电，减供负荷达到事故前总负荷的5%以上，并且造成重要发电厂停电、重要输变电设备受损，对地区电网安全稳定运行构成严重威胁。

（5）因重要发电厂、重要变电站、重要输变电设备遭受毁灭性破坏或打击造成地区电网大面积停电，减供负荷达到事故前总负荷的50%以上，并且造成重要发电厂停电、重要输变电设备受损，对区域电网或跨地区电网安全稳定运行构成严重威胁。

（6）上级调度机构通知电网进入Ⅰ、Ⅱ级停电事件状态。

4.2 重要电力客户

重要电力客户分为特级、一级、二级重要电力客户和临时性重要电力客户。

4.2.1 特级重要电力客户，是指在管理国家事务中具有特别重要作用，中断供电将可能危害国家安全的电力客户。

4.2.2 一级重要客户，是指中断供电将可能产生下列后果之一的：

（1）直接引发人身伤亡的；

（2）造成严重环境污染的；

（3）发生中毒、爆炸或火灾的；

（4）造成重大政治影响的；

（5）造成重大经济损失的；

（6）造成较大范围社会公共秩序严重混乱的。

4.2.3 二级重要客户，是指中断供电将可能产生下列后果之一的：

（1）造成较大环境污染的；

（2）造成较大政治影响的；

（3）造成较大经济损失的；

（4）造成一定范围社会公共秩序严重混乱的。

4.2.4　临时性重要电力客户，是指需要临时特殊供电保障的电力客户。

5　应急预警

5.1　预警

在下列情况下，各级优质服务突发事件类应急工作组和应急处置协调小组做好事件预测和预警工作。

（1）国家发布自然灾害或出现夏季高温、冬季低温预警、事故灾难预警、社会安全事件预警等预警信息；

（2）上级单位、公司应急领导小组发布预警信息；

（3）公司其他应急工作组发布预警信息；

（4）公司各部门各单位和下级单位反映情况异常；

（5）95598、营业厅等服务窗口场所出现异常情况；

（6）重要客户报警；

（7）政府部门、监管机构、社会团体、新闻媒体在短期内对某些事项重点关注；

（8）其他异常情况。

5.2　预警响应

接受到预警信息后，优质服务突发事件类应急工作组经分析判断后，对可能导致发生突发事件的，应立即向上级汇报，并及时组织相关部门、单位做好应急响应准备工作，督促并检查应急响应准备情况。

各相关单位和部门应立即派员赴现场或与相关单位、个人联系，了解事件发展事态，采取有效措施防止事件扩大。

6 应急响应

6.1 应急启动

突发事件发生后，经省公司优质服务突发事件类应急工作组分析判断，下列事件由省公司组织实施应急处置，某供电公司、A市供电公司、B市供电公司应急工作组根据管辖范围积极配合省公司实施应急处置：

（1）电网大面积停电造成的客户停电事件；

（2）客户向电监会、国家电网公司、省公司集体投诉事件；

（3）省级及以上政府部门或社会团体督办的客户投诉事件；

（4）中央或全国性媒体曝光并产生重大影响的停电事件或供电服务质量事件。

（5）省级媒体曝光并产生重大影响的停电事件或供电服务质量事件。

其他事件由某供电公司、江阴市供电公司、宜兴市供电公司应急工作组根据管辖范围启动相关应急预案，组织实施应急处置，并接受省公司指导。

6.2 应急处置

6.2.1 停电类突发事件处置。

（1）经分析判断为电网原因发生的停电事件，由电网事故类处置协调小组敦促电力调度控制中心、运维检修部（检修公司）等相关部门，按照处置大面积停电事件应急预案、应对重大气象灾害处置预案、调度处置大面积停电事件应急工作规范等预案处置。

（2）经分析判断为设备原因发生的停电事件，由设备事故类处置协调小组敦促运维检修部（检修公司）等相关部门，按照输变电设备应急抢修总体预案、配电网应急抢修管理规定、配电网应急抢修预案等预案处置。

（3）重要电力用户停电事件，由营销部（客户服务中心）组织，按照重要用户停电应急预案处置。

（4）停电类突发事件发生后，相关处置部门要及时对事件发生原因、影响范围、处理进程等有关情况进行分析，经办公室批准后答复客户咨询。

6.2.2 供电服务质量类突发事件处置。

（1）集体上访形式的客户集体投诉事件，根据公司信访稳定突发事件应急预案及营销服务应急接访工作预案，按照分级响应的原则，特大突发紧急情况由公司维护稳定工作领导小组组织实施，重大突发紧急情况由营销服务信访工作小组组织实施，一般性突发紧急情况由专业分工负责人组织实施。

（2）书面形式的客户集体投诉事件，由监察审计部（纪委办公室）、营销部（客户服务中心）及时提出处置建议，报公司领导决定。事件处置单位和部门应当认真分析投诉所陈述的事实和理由，必要时应与投诉人联系要求说明情况，需要进一步核实有关情况的，应组织调查。事件处置应维护公司形象，符合国家法律法规以及国家电网公司、省公司的相关规定，在规定的时间内办结。

（3）政府部门或社会团体督办的客户投诉事件，由办公室及时与督办方联系，了解督办原由，并提出处置建议，报公司领导决定。事件处置单位和部门应当认真分析投诉所陈述的事实和理由，必要时应与投诉人联系要求说明情况，需要进一步核实有关情况的，应组织调查。事件处置应维护公司形象，符合国家法律法规以及国家电网公司、省公司的相关规定，在规定的时间内办结。

6.2.3 媒体曝光并产生重大影响的停电事件或供电服务质量事件处置。

办公室应立即会同相关部门，收集、跟踪、分析内外部舆情，并提出处置建议，报公司领导决定。启动突发事件信息报告与新闻发布应急预案，营销部（客户服务中心）、运维检修部（检修公司）、电力调度控制中心等部门应对事件发生时间、发生地点、涉及规模、主要原因、影响和损失、应急处置情况、当前恢复进度等信息进行汇总和整理，由办公室通过适当的方式批驳谣言、报告真相。

6.3 信息报告

6.3.1 按照省公司分级管理的原则，某供电公司本部范围内发生一、二、三级优质服务突发事件，由市公司上报省公司。当江阴、宜兴公司范围内发生供电服务突发事件，其中，一、二级供电服务突发事件江阴、宜兴公司在向市公司汇报的同时，须向省公司营销部汇报；三级供电服务突发事件江阴、宜兴公司向市公司汇报，由市公司上报省公司。

6.3.2 各级供电公司应在突发事件发生后第一时间将发生的事件电话报告上级优质服务突发事件类应急工作组，并实时报告最新信息。各级供电公司应在突发事件发生后20小时内，将突发事件的详细处理情况以书面形式报告上级优质服务突发事件类应急工作组。若突发事件在20小时内仍未处理完结，各级供电公司应在事件妥善处理后，再次以书面形式报告上级优质服务突发事件类应急工作组。

6.3.3 对符合公司突发事件信息报告相关规定的，要按规定要求同时向相关部门报告。

7 应急保障

7.1 通信与信息保障

电力调度控制中心、信息通信公司对优质服务提供通信保障、技术支持和相关服务，并在发生突发事件的情况下，按照公司应急领导小组要求建立应急通信网络，优先保障相关通信设备和信息网络的安全畅通。

7.2 人员保障

7.2.1 优质服务突发事件类应急工作组应明确所有成员及与优质服务相关的单位、部门的通信方式，并指定专门联络人。优质服务突发事件类应急工作组成员应相对固定。

7.2.2 公司各单位应结合应急管理工作需要，组织开展相关培训工作，对有关领导、相关人员等进行培训，提高公司优质服务突发事件应急工作水平。

8 后续工作

8.1 总结与评估

突发事件应急处置结束之后，优质服务突发事件类应急工作组组织相关部门和人员，对应急处置过程进行全面总结与评估。

8.2 改进措施

针对突发事件处置的经验、教训及暴露问题，优质服务突发事件类应急工作组组织相关部门和人员，研究提出预案的修改意见和建议，进一步完善应急机制。

9 附 则

9.1 预案实施要求

公司各单位应根据本预案内容和要求，结合各自实际，分层制定相应的优质服务突发事件应急预案。

9.2 预案管理与更新

随着应急工作相关法律法规的制定和修订，相关部门职责或管理体制变化，以及实施过程中发现存在问题或出现的情况，公司及时修订完善本预案。

9.3 预案解释部门

本预案由公司营销部（客户服务中心）负责解释。

9.4 预案实施时间

本预案自发布之日起实施。

某供电公司突发群体性事件应急预案

1 总 则

1.1 制定目的

根据中央、省市和公安部、国家电网公司等工作要求和部署，加强某供电公司（简称公司）对危害企业及公共安全的重大突发事件的预防，确保公司平安、确保企业稳定、确保某电网安全运行。

1.2 制定依据

依据国务院颁发的《企业事业单位内部治安保卫条例》《某省电力公司社会治安综合治理工作考核细则》《某省电力保护条例》《公安部61号令》某省电力公司《关于加强公司系统电力调度大楼安全保卫工作的通知》等有关法律法规和规章制度要求，结合公司实际，制定本预案。

1.3 处置原则

1.3.1 全力维护公司电网安全和社会稳定的原则。

1.3.2 确保人身、重点要害部位和财产安全的原则。

1.3.3 坚持"教育疏导、钝化矛盾、依法处置"的原则。

1.3.4 "谁主管、谁负责"的原则。

1.3.5 依法管理，区别对待，果断处置的原则。

1.3.6 按照"分级控制，快速反应，科学应对"，确保发现、报告、指挥、处置等环节的紧密快速衔接。

1.4 适用范围

下列给公司正常的工作、生活和员工的安全造成重大影响或严重后果的重大突发事件，超出有关职能部门有效处理能力，需要本公司更多的职能部门做出响应或公司以外的职能机构给予必要的援助。

1.4.1 因社会对抗和冲突而引发的重大突发事件：重大群体事件如非法集会、上访示威等，刑事案件或"法轮功"邪教组织等破坏活动，非法袭击门岗、保安等违反行为。

1.4.2 因敌对势力蓄意破坏或进行的恐怖活动，造成员工的人身安全受到威胁或35千伏及以上变电所、科技调度大楼等受到冲击破坏或发生爆炸等重大案件的。

1.4.3 因生产施工，遭到群众阻拦等不可预见的事件。

2 组织领导与职责

2.1 公司治安保卫突发事件领导小组（安全生产委员会）负责预防和处置突发事件，下设工作小组。

2.2 工作小组主要职责。

2.2.1 信访接待组的职责（由办公室负责）。

2.2.1.1 负责及时掌握公司内部可能导致群体性上访的苗头性问题，协调有关方面做好教育工作。

2.2.1.2 按照《信访条例》的有关规定做好上访接待工作，负责对上访人员宣传解释有关法律法规和政策规定。

2.2.1.3 负责及时通知上访人员所在单位负责人立即赶到现场，协助做好说服、教育、钝化工作，防止事态扩大。

2.2.2 安全保卫组的职责（由安全监察质量部负责）。

2.2.2.1 组织安全网络成员、保安人员负责现场警戒，维护现场秩序。

2.2.2.2　与公安等部门保持联络，及时通报事件的发展态势。

2.2.2.3　疏散现场的车辆和人员，阻止无关人员随意进入突发事件现场，保障道路畅通。

2.2.2.4　参与事件调查及现场处理工作。

2.2.2.5　配合有关部门做好对伤亡人员家属的安抚工作，对肇事者等有关人员采取监控措施，防止逃逸。

2.2.2.6　完成领导小组交办的其他工作。

2.2.3　电网安全组的职责（由电力调度控制中心负责）。

2.2.3.1　负责电网的安全运行。

2.2.3.2　如遇有突发事件，做好应急运行安排和紧急情况下电力调度控制中心的安全防范工作。

2.2.4　宣传教育组的职责（由党群工作部负责）。

2.2.4.1　掌握对事件现场宣传报道情况。

2.2.4.2　负责事件现场的摄像、照相工作。

2.2.4.3　负责对外发布新闻信息及口径统一。

2.2.4.4　完成领导小组交办的其他工作。

2.2.5　后勤保障组的职责（由物业公司负责、汽服公司、物资供应公司配合）。

2.2.5.1　负责物资器材筹备供应工作。

2.2.5.2　提供抢修及各组所需的车辆。

2.2.5.3　安排现场工作人员生活。

2.2.5.4　开展伤亡人员抢救及卫生防疫工作，做好伤亡统计及报告工作。

2.2.5.5　参与事件（事故）的调查处理。

2.2.5.6　与公安、保险公司等相关部门，做好相关的理赔事宜。

2.2.5.7　完成领导小组交办的其他工作。

3 应急措施

3.1 重点要害部位的界定及预案的启动标准

3.1.1 重点要害部位的界定。

3.1.1.1 A 级要害部位：科技调度大楼、监控中心、档案室（馆）、计量部、信通公司。

3.1.1.2 B 级要害部位：35 千伏及以上变电所、器材物资仓库。

3.1.1.3 C 级要害部位：公司本部各基层单位。

3.1.2 预案启动的范围。

3.1.2.1 发生罢工、非法集会、游行示威、冲击等影响正常办公和公司稳定、造成社会影响或引起市委、市政府高度关注的重大群体事件。

3.1.2.2 发生重大刑事案件、暴力恐怖活动，影响公司稳定的。

3.1.2.3 虽人数少但影响大、危害程度大的邪教、敌对势力等破坏活动的。

3.1.2.4 公司发生特大盗窃及哄抢物资案件，造成重大财产损失的。

3.1.2.5 因敌对势力蓄意破坏或进行的恐怖活动，造成员工的人身安全受到威胁的。

3.1.2.6 重点要害部位或 35 千伏及以上变电所、科技调度大楼受到冲击破坏造成大面积停电事故。

3.1.2.7 因自然灾害造成人员死亡或受伤 3 人以上的。

3.1.2.8 因人为因素发生爆炸，造成人员伤亡，在社会上造成极坏影响的。

3.1.2.9 因生产施工，遭到群体阻拦等不可预见的事件，造成公司的生产受到严重影响且社会影响面大的。

3.1.2.10 非法袭击门岗、保安等违反行为给办公生产造成严重威胁的。

3.2 应急响应

3.2.1 预警等级与预警发布。

3.2.1.1 预警等级，按照治安保卫突发事件发生的部位、严重性和紧急程度，预警等级分为三级：黄色（一般级）、橙色（较重级）、红色（严重级）。

3.2.1.1.1 黄色预警：在重点要害部位发生突发事件，事态严重但尚能控制局面，暂时还不会造成人员伤亡和系统损坏，但有事态扩大的趋势，会造成财产损失人员伤亡或发生停电事故，在社会上已造成一定的负面影响。

3.2.1.1.2 橙色预警：在重点要害部位发生突发事件，虽经努力但事态进一步扩大，出现人员伤亡或电力系统受损而引发局部地区停电，或国家和人民财产遭到重大破坏，导致局部社会的不安定和政治的不稳定。

3.2.1.1.3 红色预警：在重点要害部位发生突发事件，事态严重，已造成人员较大伤亡，或电网破坏，发生大面积停电或造成国家和人民财产遭受严重损害，导致社会的不安定和政治的不稳定。

3.2.2 预警发布。

3.2.2.1 公司全体员工对出现治安灾害性突发性事件，应及时报告所在单位领导和公司安全监察质量部，也可直接向公司总值班室报告，所在单位领导和安全监察质量部根据突发事件的紧急程度和需要，边处置边报告公司治安保卫突发事件领导小组。

3.2.2.2 预警信息经公司治安保卫突发事件领导小组分析、评估和确认，形成预警等级后发布。

3.2.3 分级响应。

3.2.3.1 根据预警级别，公司启动相应的一般、较重、严重突发事件应急预案。

3.2.3.2 一般级治安保卫突发事件，则由若干职能部门及相关基层单位负责处置，并报告政府公安等有关部门协助处理，防止事态进一步扩大。

3.2.3.3　较重级治安突发事件，则由公司治安保卫突发事件领导小组组织有关职能部门及基层单位，密切配合政府公安部门处置。

3.2.3.4　严重级治安突发事件，则由公司治安保卫突发事件领导小组统一指挥，对内调动动员公司职能部门和各基层单位，维持生产工作秩序；对外依靠地方党委政府和上级公司，配合公安等多方面社会力量，共同进行处置。

3.2.4　应急处置。

3.2.4.1　对非法集会的处置。

3.2.4.1.1　公司大院等场所如出现非法集会，保安或门卫先要进行阻止，同时报告安全监察质量部和保安或门卫单位的直接领导，公司和所在单位的领导要增加保卫力量，严禁非法集会冲入公司大院或基层单位工作生产场所，影响正常的办公、生产、生活秩序。

3.2.4.1.2　判明非法集会的来意，由安全监察质量部及时向办公室汇报，办公室指派有关部门做好解释、劝阻和疏导工作。

3.2.4.1.3　在说服劝导工作过程中，所在单位的重点部位要加强戒备，防止一些不法分子乘隙破坏捣乱。宣传、保卫对非法集会领头人做好相关拍摄、证据的收集工作。安全监察质量部及时与当地公安机关进行沟通，随时请公安机关进行处置。

3.2.4.1.4　对劝导相关措施不能产生效果时，一方面向公司治安保卫突发事件领导小组报告，另一方面请当地公安机关支援，现场由公安负责人统一指挥，公司相关人员积极做好配合工作。

3.2.4.1.5　事态如果扩大，公司办公室根据领导小组的意见向政府等有关部门报告。

3.2.4.1.6　办公室与有关新闻媒体联系，经领导小组同意对正在发生的事件进行宣传报道。

3.2.4.1.7　在发生非法集会突发事件时，公司无关人员不得围观、随意解答、起哄等。

3.2.4.1.8 平息事态后，物业公司或所在现场的单位要及时清理本单位的物资器材，并打扫好卫生。

3.2.4.2 对"法轮功"邪教组织破坏活动的处置。

3.2.4.2.1 发现"法轮功"邪教组织成员有组织地对公司进行非法活动，应及时向本单位领导汇报，本单位应立即采取措施，做好说服劝阻工作，尽力将事态消灭在萌芽状态。

3.2.4.2.2 加强对"法轮功"邪教组织成员破坏活动所在地的安全保卫力量，以震慑其破坏活动。

3.2.4.2.3 对不听劝阻的"法轮功"练习者，一方面加强警戒，另一方面及时报告公安机关。

3.2.4.3 员工的人身安全受到威胁时的处置。

3.2.4.3.1 当员工的人身安全受到威胁时，应迅速向"110"报警并向公司安全监察质量部或单位领导报告。

3.2.4.3.2 当事人冷静对待眼前所出现的情况，集中精力首先要保证自身安全，积极主动地与犯罪嫌疑人进行周旋。

3.2.4.3.3 安全监察质量部或相关单位接到求助报告后，应及时将情况报告公司领导，并启动救助方案。

3.2.4.3.4 保卫及相关人员维护现场，同公司一道开展营救活动。

3.2.4.4 重要变电所等重点要害部位的安全遭到破坏或威胁时的处置。

3.2.4.4.1 发现变电所等重点要害部位遭到破坏或威胁时应立即向本单位领导和调控中心汇报，本单位领导向治安保卫突发事件办公室汇报。

3.2.4.4.2 治安保卫突发事件办公室在接到报告后，应详细了解参与事件的人数、人员身份、是否携带标语、器械、危险品等，以及事件的起因，向突发事件领导小组报告，根据领导小组指示决定是否向公安机关报案。

3.2.4.4.3 本单位领导、治安保卫突发事件办公室要注意提醒变电站值班人员时刻注意观察闹事者动向，掌握现场状态，一旦有异常情况，要立即向上级报告，特别是要密切注意为首者的言行，如有违法犯罪行为，要记清行为人的面貌特征及主要行为情况，如夜间发生群体性状态，应将门前灯光打开，并关闭值班室和门内重要目标的灯光，以利于观察，并随时根据调控中心的指示做好停电准备。

3.2.4.4.4 运维检修部负责组织做好抢修工作，及时调动抢修单位做好抢修工作准备。

3.2.4.4.5 安全监察质量部做好安全监督工作，负责抢修过程中的安全防范措施的督导检查。

3.2.4.4.6 办公室根据领导小组意见负责向政府等有关部门汇报，负责向有关部门转达领导小组指示。

3.2.4.4.7 办公室负责和新闻单位联系，经领导小组同意对突发事件的处置工作进行宣传报道。

3.2.4.4.8 安全监察质量部协助公安机关做好突发事件的处置工作，处置过程中，要将变化情况随时报告给领导小组和公安机关，受现场公安机关负责人的统一指挥，坚守岗位，积极配合公安机关平息事态。

3.2.4.5 调控中心、信通公司受到冲击破坏时的处置。

3.2.4.5.1 发现冲击公司大院并要求到调控中心或信通公司时，关闭所有前门，保安阻止无关人员进入，同时报告公司安全监察质量部、办公室，安全监察质量部根据现场情况，要求物业公司增加保安力量，守好大门、大楼电梯及各进口，监控中心做好对摄录像工作准备并对所录资料进行保存。

3.2.4.5.2 在弄清闹事者的来意后，由安全监察质量部及时向办公室汇报，并请求相关部门做好解释、劝阻和疏导工作。

3.2.4.5.3 如事件进一步发展，大厅值班和监控保安，加强对人员管理，全过程开启监控设备并做好录像工作。

3.2.4.5.4 在以上措施不能产生应有效果时，安全监察质量部同时向治安保卫突发事件领导小组领导汇报，即向属地公安机关进行通报，并请求支援，安全监察质量部协助公安部门做好处置工作，受现场公安负责人的统一指挥，坚守岗位，积极配合公安机关平息事件。

3.2.4.5.5 办公室根据领导小组意见，负责向政府等有关部门汇报。

3.2.4.5.6 办公室经领导小组同意负责和新闻单位联系，对突发事件的处置工作进行宣传报道。

3.2.4.5.7 在发生聚众闹事突发事件时，本公司人员不得围观、随意解答、起哄等。

3.2.4.5.8 相关办公场所遭到冲击可参照上述方法进行处置。

3.2.4.6 对爆炸事故的处置。

3.2.4.6.1 及时向"110"报警，发生有人员伤亡并及时拨打"120"，同时报告公司治安保卫突发事件领导小组。

3.2.4.6.2 现场单位的人员迅速进行疏散，并保护现场，防止发生二次爆炸。

3.2.4.6.3 突发事件办公室，根据领导小组领导的指令，组织执行任务组并对任务组的任务作出部署。

3.2.4.6.4 突发事件办公室接报警后立即赶往现场，积极协调公安机关，在公安机关的统一指挥下，对案发现场进行仔细检查并排除险情。

3.2.4.6.5 运维检修部和安全监察质量部做好各项抢修准备和安全监督工作。

3.2.4.6.6 安全监察质量部配合公安机关对爆炸事故进行调查和原因分析，写出调查报告。

3.2.4.6.7 对正常施用爆炸物品的管理及使用，必须实行专人负责、专人管理，施工任务完成后剩余部分必须有专职人立即退库，本单位不允许留存爆炸物品。

3.2.4.7 生产施工遭到群众阻拦的处置。

3.2.4.7.1　生产施工过程中遭到群众阻拦的首先向"110"报警或报告当地派出所，不要和群众当面发生冲突。

3.2.4.7.2　由施工现场的领导向公安人员汇报遭到群众阻拦原因，提出自己的建议及对策。

3.2.4.7.3　公安人员协调处理没有结果的情况下，应立即报告突发事件办公室，办公室根据形势需要及时报告给领导小组。

3.2.4.7.4　领导小组根据情况缓急、矛盾尖锐程度，是否向当地政府或有关部门报告。

3.2.4.7.5　对无理取闹，蓄意破坏公司生产的情况，应要求公安机关予以打击。

3.2.4.8　冲击公司办公场所等不可预见事件的处置（参照调度、信通公司受到冲击破坏时的处置办法）。

3.3　应急保障

3.3.1　应急预案的制定。

基层单位应制定本单位的应急处置预案，但必须包含以下内容：

3.3.1.1　明确应急处置组织网络及相关职责。

3.3.1.2　突发事件发生后迅速到达现场的保证手段及时间要求。

3.3.1.3　到达现场后紧急处置的具体措施。

3.3.1.4　应急处置过程中的物资保障。

3.3.1.5　应急处置过程中的医疗等后勤保障。

3.3.2　通信与信息保障。

3.3.2.1　调控中心和信通公司要保持网络和信息畅通，加强对网络的维护。

3.3.2.2　公司内部通信联系按公司通讯录进行联系。

3.3.3　应急队伍保障。

3.3.3.1　公司民兵营是应急队伍的主要力量，各职能部门和单位相关人员是应急队伍保障的补充力量。

3.3.3.2　民兵专业抢险队要适时进行供电等专业抢险演练，以提高救援队伍快速反应和协调作战能力。

3.3.4　后勤保障。

3.3.4.1　卫生保障由公司卫生所负责，配备必要的医疗救护用品和药品、担架等，同时与相关医院做好联系，确保重伤员能够及时进住地方医院。

3.3.4.2　交通保障由汽服公司负责，加强应急处置交通保障工作，为应急处置工作提供快速、高效的交通运输服务。

3.3.4.3　物资保障由物资供应公司负责，要建立健全应急物资储存、调拨和紧急配送方案，确保应急救援所需物资、器材、药品和生活用品等应急物资的供应。

3.4　应急结束

3.4.1　根据突发事件现场和处理情况，由突发事件领导小组宣布解除应急状态，转入正常工作，应急处置工作结束。

3.4.2　开展应急处置后期工作。

3.4.2.1　加强对突发事件调查与分析，对突发事件的原因、人员财产损失、问题责任情况等报告给突发事件领导小组。

3.4.2.2　认真做好善后处理工作，对因参与应急处置工作的劳务人员应给予一定标准的经济报酬，对于因参与应急处置工作而伤亡的人员，要给予相应的褒奖和抚恤。

3.4.2.3　总结经验和教训，不断完善突发事件应急预案。

4　处置要求及注意事项

4.1　总体要求

4.1.1　各部门、各单位在处理突发事件时，要严格按照党的路线、方针政策办事，自觉遵守国家的法律法规，在各自的工作岗位上，要坚持"守土有责"的原则，属于本职范围内的问题要尽早、尽快积极主动处理。

4.1.2　强化情报信息搜集控制。突发事件形成有一个渐进的过程，因此必须牢牢把握处理突发事件的主动权，努力将其消灭在萌芽状态。要加强情报信息搜集工作，要牢固树立群众观念，重视群众骨干的培养，最大限度地从群众中获取一切有价值的信息和情报。

4.1.3　强化人防、物防、技防措施。要强化治安保卫工作措施的落实，充分发挥要害部位、公司办公、生产、生活场所的人防、物防、技防功能，严密防范，严格管理。要加大重点要害部位巡逻守护密度，内保外巡结合，人、物、技结合，确保 24 小时不失控。

4.1.4　积极配合公安机关做好调查取证工作。要积极配合公安机关进行照相、录像、录音、跟踪、实物证据搜集工作，做到不漏证据、不漏重点人、不漏情节。对各种可能发生的突发事件，采取教育、疏导、劝阻措施，化解矛盾，努力遏制状态的进一步发展。

4.1.5　要严格纪律，严格依法办事。要正确区分突发事件性质，对属于人民内部矛盾问题，坚持以说服教育为主，以理服人；对带有敌对性质的严重违法犯罪行为，要针锋相对，依法作坚决斗争。在处置突发事件过程中，要坚持从大局出发，从整体利益出发，服从命令，听从指挥，履行职责。

4.1.6　加强组织领导，严格落实任务分工。各级领导和全体保卫人员，要进一步增强政治敏锐性和政治鉴别力，充分认识正确处置突发事件的原则立场和方针政策，切实加强对防范和处置突发事件、维护电网安全工作的组织领导。有关部室和单位，按照本预案要求，结合各自的实际，认真研究制定具体措施，搞好内部动员发动，确保政令畅通。

4.2　注意事项

4.2.1　社会对抗群体性事件。

4.2.1.1　积极领导处事要冷静，解决问题要果断。

4.2.1.2　分清敌我，团结可以团结的力量，及时化解矛盾。

4.2.1.3　与公安部门保持联系。

4.2.2　盗窃破坏性事件。

4.2.2.1　案件重大及时报告。

4.2.2.2　注意保护现场，以便为侦破案件提供条件。

4.2.2.3　做好被盗物品的统计，做到相应恢复正常生产的准备工作。

4.2.3　灾害突发性事件。

4.2.3.1　注意先人员安全的抢救，后公司财产、生产抢救。

4.2.3.2　在不影响公司财产损失的情况下，要保护现场。

4.2.3.3　对灾害突发事件防止二次发生，能切断发生源要切断发生源。

4.2.4　施工生产突发性事件。

4.2.4.1　注意现场保护。

4.2.4.2　重视新闻采访，统一口径。

4.2.4.3　做好正面的思想政治工作。

5　附　　则

5.1　各单位、部门应结合自身特点，加强宣传教育工作，提高全公司预防和处置治安保卫突发事件的意识。采取有效的防范措施，及时排查和消除重大突发事件隐患。

5.2　本预案由公司安全监察质量部负责修订和解释。

某供电公司突发舆情应急预案

1 总 则

1.1 编制目的

为加强某供电公司（简称公司）各级应对突发事件舆情处置的规范化、制度化，迅速及时准确地发布信息，澄清事实，解疑释惑，主动正确引导舆论，维护社会稳定，最大限度地避免、缩小和消除突发事件造成的各种负面影响，为企业营造良好的舆论环境，特制订本预案。

1.2 制定依据

本预案依据《某省电力公司突发事件新闻处置应急预案》并结合公司应急管理工作实际制定。

1.3 适用范围

本预案适用于涉及公司相关工作的，已经在电视、报纸、网络等公共媒体出现负面舆情，产生不良社会影响的突发事件。

1.4 工作原则

（1）及时主动，准确把握。事件发生后，第一时间发布准确、权威信息，稳定公众情绪，最大限度地避免或减少公众猜测和新闻媒体的不实报道，掌握新闻舆论的主动权。

（2）严格制度，明确职责。进一步完善新闻发布制度，加强组织协调和归口管理，严格执行新闻发言人制度。

（3）讲究方法，提高效能。在负面舆情发生后的第一时间布置新闻发布工作。突发事件新闻发布应依托主流强势媒体，扩大影响面，同时积极引导和应用好外来媒体，各相关单位部门、全体公司成员应积极配合舆情管控领导小组工作，确保以最短的时间、最快的速度，发布最新消息，主动引导舆论，正确引导舆论。

2 组织职责

2.1 舆情管控领导小组

2.1.1 舆情管控领导小组职责。

舆情管控领导小组是公司开展舆情管控工作的领导机构，总指挥由公司分管营销副总经理担任，下设工作组，组长由办公室主任担任，副组长由党群工作部主任担任，成员由发展策划部、安全监察质量部、基建部、运维检修部、营销部、党群工作部、电力调控中心相关负责人、专职以及预见突发事件所在单位的党政负责人。

2.1.2 舆情管控领导小组主要职责。

（1）负责掌握突发事件官方说明文件和实事真相，并对小组相关人员做好宣贯工作。

（2）组织、协调、管理小组各成员，使其各司其职。

（3）掌握突发事件处理的进度，统筹汇总信息，及时将掌握的信息汇报上级领导，做好上下级之间的信息传递工作。

（4）根据已经发生的事件、已经掌握的舆情状况判断舆情发展方向、布置舆情疏导工作，在突发事件发生第一时间制定具体舆情控制处理办法。

（5）对事故处理人员的物资、人力资源予以调度支援，协助其尽快完成事件处理工作。

2.2 相关部门和机构

2.2.1 营销部、电力调度控制中心、配电运检工区、农电公司是突发事件的信息源，负责在第一时间接受和了解突发事件，并向公司舆情管控工作小组报告事件信息。

2.2.2 有关管理部门负责对本部门管理范围内的突发事件进行跟踪分析，并向舆情管控工作小组提供专业分析信息。

2.3 电力搜信队

2.3.1 工作职责。

负责外部舆论情况搜集上报工作。及时对社会主要媒体、网络论坛等公众舆论情况的搜集整理和汇总上报；对突发舆情，第一时间上报，缩短舆情应对周期。

2.3.2 基本程序。

基本程序为：收集舆情——汇总舆情——报送舆情——协助处置舆情。

2.3.3 处置流程。

处置流程见图1。

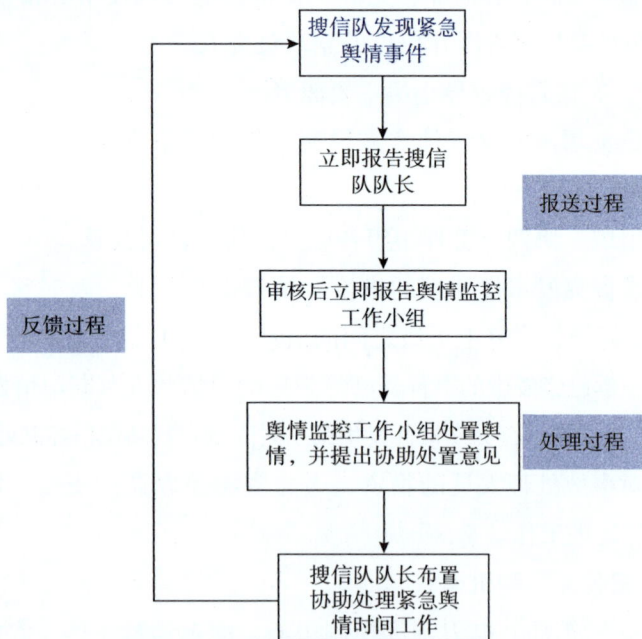

图1 处置流程

3　事件定义

事件定义为与公司相关的，对公司形象造成负面影响的舆情信息。包括：

（1）因恶劣气候、自然灾害、外力破坏等因素造成地区大面积停电或电力供应异常等引发的负面舆情。

（2）因政策变化造成社会舆论、电力用户对供电企业的误解等。

（3）电网建设、迎峰度夏、有序用电等工作中发生的用户停电事件引发的舆情。

（4）公司职工或社会人员散布的有关内部福利待遇、人事变动等负面舆情。

（5）因公司或牵涉到公司的对外服务性工作，使得电力用户造成误解或者不满情绪的不当发泄等。

4　应急响应

（1）成立突发事件舆情管控小组，针对具体事件制订舆情管控处理办法。

（2）小组成员掌握突发事件官方说明文件和实事真相，按照职责各司其职，逐级报告掌握的信息舆情。

（3）迅速组织开展网上舆论管理和引导工作，及时上报、引导、封堵和删除网上不实信息。

（4）组织对相关事实真相的报道，做好视频、文字、新闻发言等正面宣传工作。在事件发生的第一时间向媒体提供正面信息，掌握舆论主动权。

（5）在舆情扩大之前完成相关工作。

（6）突发舆情处置流程见图2。

县市公司、直属单位、部室、搜信队	突发事件舆情管控小组	公司领导	省公司新闻中心	政府网监部门

```
┌─────────────┐        ┌──────────────┐
│    开始      │───────▶│ 媒体沟通，信  │
└─────────────┘        │ 息分析评估和  │
                       │  危机研判    │
┌─────────────┐        └──────┬───────┘
│ 开展舆情监控 │               ▼
│ 和信息采集   │        ╱是否需要立╲   是   ┌──────────┐
└─────────────┘        ╲即汇报公司╱─────▶│听取汇报， │
       │               ╲  领导  ╱        │作出指示   │
       ▼                   │否           └──────────┘
┌─────────────┐            ▼
│ 发现相应舆情 │        ╱是否需汇╲   是   ┌──────────┐
└─────────────┘        ╲报省公司╱─────▶│听取汇报， │
       │                   │否          │作出指示   │
       ▼                   ▼            └──────────┘
┌─────────────┐        ╱是否需要政╲  是  ┌──────────┐
│ 汇报部门负责 │        ╲府部门协助╱────▶│支持、配合处│
│    人       │            │否          │理负面网络 │
└─────────────┘            ▼            │  舆情    │
       │               ╱是否需要召╲      └──────────┘
       ▼               ╲开新闻发布╱
┌─────────────┐        ╲   会   ╱
│ 部门负责人整 │       是 │    │ 否
│ 理情况报告   │         ▼    ▼
└─────────────┘  ┌────────┐ ┌──────────┐
                 │协调组织 │ │组织人员进 │
                 │媒体通报 │ │行跟帖、发 │
                 └────┬───┘ │布正面引导 │
                      │     │  信息    │
                      │     └────┬─────┘
                      └─────┬─────┘
                            ▼
                    ┌──────────────┐
                    │ 对舆情处理进  │
                    │ 行全面评估和  │
                    │    总结      │
                    └──────┬───────┘
                           ▼
                    ┌──────────────┐
                    │    结束      │
                    └──────────────┘
```

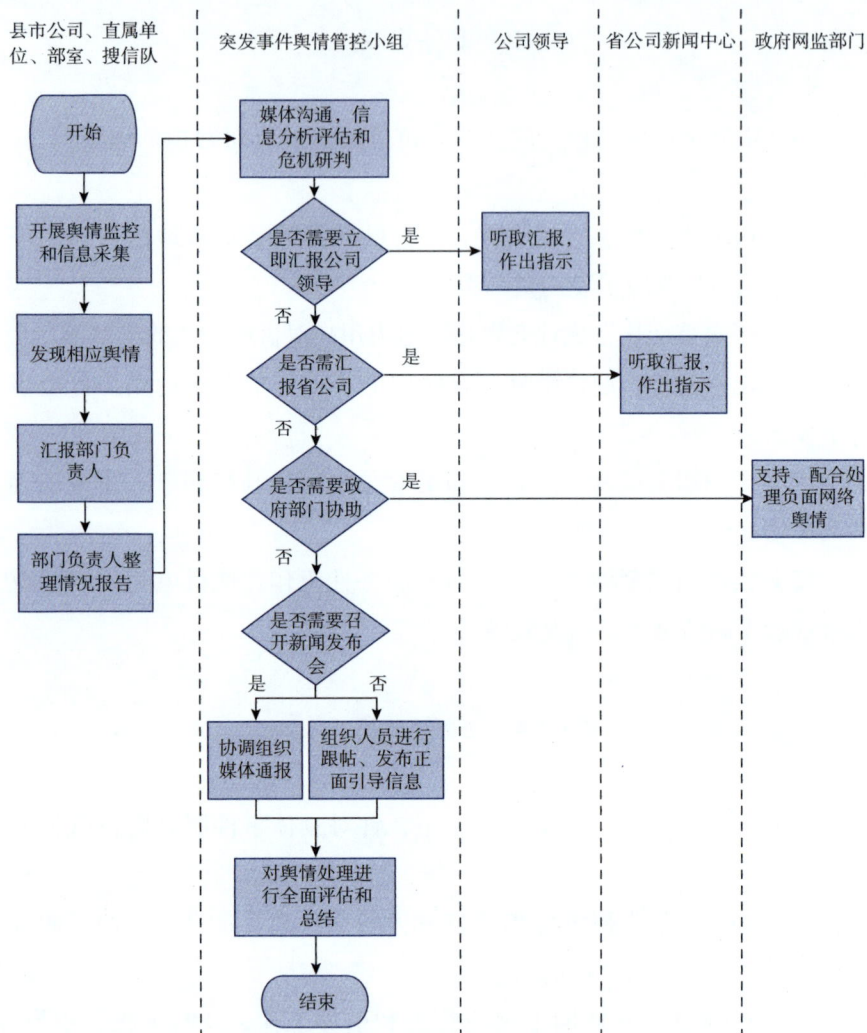

图2　某供电公司突发舆情处置流程

5　应急保障

5.1　通信与信息保障

信通公司对突发舆情处置工作提供通信保障、技术支持和相关服务，并在发生突发事件的情况下，按照公司突发事件舆情管控领导小组

144　●

要求建立应急通信网络，优先保障相关通信设备和信息网络的安全畅通。

5.2 人员保障

5.2.1 舆情管控工作小组应明确所有成员及与新闻发布相关的单位、部门的通信方式，并指定新闻发言人、专门联络人，成员应逐级固定。

5.2.2 各部门、单位应结合应急管理工作需要，组织开展相关培训工作，对有关领导干部、相关部门人员、新闻发言人、内部媒体人员等进行培训，提高公司突发舆情应急处置工作水平。

5.2.3 舆情管控小组成员应加强培训，保持与主要媒体相关人员的良好沟通。

6 后续工作

6.1 总结与评估

突发舆情应急工作结束之后，领导小组组织相关部门和人员对应急处置过程中的舆情管控与新闻发布等工作进行全面总结与评估。

6.2 改进措施

针对突发舆情应急工作的经验、教训及暴露问题，领导小组组织相关部门和人员，研究提出预案的修改意见和建议，进一步完善突发舆情应急机制。

7 附则

7.1 预案管理与更新

随着相关法律法规的制定和修订，相关部门职责或管理体制变化，以及实施过程中发现存在问题或出现的情况，公司及时修订完善本预案。

7.2 预案解释部门

本预案由某供电公司负责解释。

7.3 预案实施时间

本预案自发布之日起实施。

附录 F

某供电公司供电营业厅防盗抢
应急处置预案

1 总 则

1.1 目的和依据

1.1.1 为有效和快速地处理发生的营业厅盗抢事件，最大限度地减少因盗抢事件造成的影响和损失，维护员工生命安全和正常的生产、工作秩序，结合客户服务中心实际制定本预案。

1.1.2 本预案为客户服务中心处理电力营业厅服务过程中发生的盗抢事件应急救援工作的基本程序和组织原则。

1.2 主要任务

1.2.1 及时发现并制止盗抢事件的发生，最大限度地减少盗抢事件所导致的财物损失和人员伤亡。

1.2.2 尽快恢复受影响的营业窗口的正常营业，最大限度减少事件波及的范围和影响。

1.3 基本原则

坚持以防为主的基本原则，在突出人身事故及财物损失的预防和控制措施的同时，组织开展有针对性的防盗抢培训和演练，提高对盗抢的处理和应急处置能力，遏制重大盗抢事件的发生。

2 适用范围

2.1 本预案适用于抢劫、盗窃事件，如发生以上事故时，必须按本预案实施。

2.2 包括：营业大厅内发生的盗抢事件和工作人员在解款途中发生的盗抢事件。

3 组织机构

3.1 防盗抢应急处置工作必须在客服中心统一领导下，相关班组密切配合，迅速、高效、有序地开展。

3.2 成立防盗抢应急处置工作组。组长由客服中心主任担任；副组长由副主任担任；成员由安全员、优质服务专职、营业业务专职及各业务班长组成。

3.3 发生盗抢事件，营业厅班长或业务员应在向"110"报警的同时立即报告客服中心领导和公司保卫部。

3.4 盗抢事件所引起设备损（破）坏的抢修，客服中心应报公司生技部。

3.5 医疗救护应由客服中心报物业公司卫生所。

4 救援小组职责

盗抢事件应急处置救援小组职责为：

4.1 组织有关部门按照应急预案的程序迅速开展抢险救灾工作，力争把损失降到最低程度。

4.2 根据事件发生状态，统一部署应急处置预案的实施工作。

4.3 根据预案实施过程中发生的变化和问题，及时对应急处置预案提出调整、修订和补充。

4.4 紧急调用各类物资、设备、人员和场地。

4.5 配合公司财务、医疗、物资部门做好财务处置、医疗救护和物资应急处理等工作。

4.6 配合公安做好调查和善后处理工作。

5 处置程序和相关规定

5.1 防盗抢事件的应急处置程序

5.1.1 营业厅收费人员上班前的第一件事就是检查保险箱是否完好，一定要将保险箱钥匙随身携带，切忌置于桌面或放在抽屉内。严防内部人员作案。

5.1.2 下班前，班长或当值负责人必须检查防盗报警是否按规定要求设防，门窗、水电是否关好，严防犯罪分子和外部人员作案。

5.1.3 发生盗抢事件时，工作人员应立即启动报警或准确向"110"报警，报警时要报出本单位的名称、所在位置，要讲清初步情况，注意对方提问，并告诉对方自己的联系方式。

5.1.4 发生抢劫时，临柜人员和营业厅保安人员视情况，可利用防卫器械进行必要的自卫，并积极配合公安、联防、保安等人员，有效地控制和制服歹徒。同时要保护好录像设施和资料。

5.1.5 盗抢案件发生后，营业厅人员首先要保护好现场，防止无关人员进入，避免犯罪痕迹、物证遭到破坏，并积极配合公安机关调查。

5.1.6 应急处理小组在接到盗抢事件报告后，应立即向有关领导汇报，工作小组成员应立即赶赴现场，进行现场处置。

5.2 防盗抢事件的相应规定

5.2.1 营业厅配置的警棍等防卫器械需妥善保管，并放置在合适的位置。

5.2.2 营业厅保险箱（柜）的钥匙应由专人保管，钥匙移交时，双方应清点财物确认。

5.2.3 营业厅保险箱（柜）按照财务制度的规定执行，且只能存放用于零星支付用的小额现金过夜，大额现金和支票必须当天解送银行或自行保管。

5.2.4 银行解款必须由两个人及以上共同完成。

5.2.5 营业厅录像资料保存时间不得少于 1 个月；对发生盗抢事件期间的录像资料，应通知安检部门拷贝保存好。

6 附 则

6.1 应急处置工作小组成员和营业厅所有员工都必须了解本预案；且每年演练一至二次。

6.2 本预案如与上级有关规定相违背时，按上级规定执行。

附录 G
某供电公司供电营业厅火灾应急处置预案 （参考）

1 总 则

1.1 目的和依据

1.1.1 为了正确、有效和快速地处理发生的电力生产火灾事故，最大限度地减少因火灾事故造成的影响和损失，维护员工生命安全和正常的生产、工作秩序，结合公司预案，并结合客服中心实际，制定本预案。

1.1.2 本预案为客服中心处理电力生产过程中发生的重特大火灾事故应急救援工作的基本程序和组织原则。

1.1.3 本预案依据《中华人民共和国消防法》和公安部 61 号令《机关、团体、企业、事业单位消防安全管理规定》以及电力行业有关规程、规定制定。

1.2 主要任务

1.2.1 及时抢救伤亡人员，最大限度减轻人员伤亡严重程度。

1.2.2 尽快恢复受影响的供电设备运行，最大限度缩小事故波及的范围。

1.2.3 维护工作秩序稳定，减少事故的损失和影响。

1.3 基本原则

坚持消防工作"以防为主，防消结合"的基本原则，在突出人身事故预防和控制措施、有效防止人身事故发生的同时，组织开展有针对性的消防灭火演练，提高对火灾事故的处理和应急处理和救援能力，遏制重特大火灾事故的发生。

2 适用范围

本预案适用于客服中心营业大厅发生火灾、爆炸等破坏事故，如发生以上火灾事故时，都必须按本预案实施。

3 组织机构

3.1 重、特大火灾事故应急处置工作必须在客服中心统一领导下，相关班组密切配合，迅速、高效、有序地开展。

3.2 成立火灾事故应急处置总指挥部。总指挥由客服中心主任担任；副总指挥由副主任担任；成员由安全员及各专职组成。

3.3 重、特大火灾、外力破坏突发事件所引起设备损（破）坏的抢修，客服中心应报公司生产技术部。

3.4 重、特大火灾事故外力破坏突发事件应报公司安监部。

3.5 医疗救护应报物业公司卫生所。

3.6 防止火灾蔓延、扩大，维护好秩序，由救援小组负责。

3.6.1 做好火灾现场的交通疏导和人员疏散工作，阻止无关人员随意进入火灾现场。

3.6.2 配合有关部门做好对伤亡人员家属的安抚工作，对肇事者等有关人员采取监控措施，防止逃逸。

3.6.3 办理公司交办的其他有关事项。

4　救援小组职责

火灾事故应急预案救援小组职责为：

4.1　组织有关部门按照应急预案的程序迅速开展抢险救灾工作，力争把损失降到最低程度。

4.2　根据火灾事故发生状态，统一部署应急处置预案的实施工作，并对应急处置工作中发生的争议采取紧急处理措施。

4.3　根据预案实施过程中发生的变化和问题，及时对应急预案提出调整、修订和补充。

4.4　紧急调用各类物资、设备、人员和占用场地。

4.5　根据火灾事故灾害情况，有危及周边单位和人员的险情时，应迅速组织人员和物资疏散工作。

4.6　配合公安或消防部门进行火灾事故的调查处理工作。

4.7　配合公司医疗、物资部门做好医疗救护和物资应急处理等工作。

4.8　配合公安、消防和保险部门做好善后处理工作。

4.9　办理现场交办的其他有关事项。

5　处置程序

对火灾事故的处置程序为：

5.1　首先有发现火灾人员，立即、准确向"119"报警，报警时要报出本单位的名称、所在位置，要讲清着火的部位、燃烧物名称、火势的大小和范围，注意对方提问，告诉对方自己的联系方式，派人到路口迎接消防车。

5.2　报警后，应尽快向单位领导及事故应急处理小组报告火情，并请求应采取措施。同时，要立即通知火场周围人员撤离，并利用现有灭火器材组织人员扑救。

5.3 要采取安全措施，如切断通往火场的电源等，火场附近有易燃易爆危险物品时，要告知消防人员。

5.4 单位领导要组织人员采取有效的措施疏散、救助被困人员和抢救火场内的财物，并把好大门，保证消防车、救护车和其他救火、救人、排险的车辆和人员的出入。

5.5 应急处理领导小组在接到火灾事故报告后，应立即向有关领导汇报，领导小组应组织执行任务组立即赶赴现场，对火灾事故进行现场处置。

5.6 灭火结束后，安全监察部等相关部门对起火的原因进行调查分析，并写出调查报告，报告领导小组。

5.7 火灾事故现场，如果发生人员伤亡事件，应立即拨打"120"急救电话。

6 附 则

6.1 客户服务中心所有员工都必须了解本预案，本预案每年演练一至二次。

6.2 本预案凡有未尽事宜，现场指挥有权临时做出决定。

6.3 本预案如有与国家、政府有关法律、法规相抵触或与上级有关要求相违背时，按国家、政府法律法规以及上级要求执行。

参 考 文 献

［1］ 人民舆情监测室．网络舆情热点面对面．北京：新华出版社，2012

［2］ 杨建华，贺鸿．供电企业应急管理．北京：中国电力出版社，2012

［3］ 孔令栋，马奔．突发公共事件应急管理．济南：山东大学出版社，2011

［4］ 周文光，李尧远．应急管理案例分析．北京：北京大学出版社，2013

［5］ 应对突发事件课题研究组．各级领导者应对和处置突发事件必备手册．北京：中国商业出版社，2012